株鬼流 最強の株式道場

資産を100倍に増やせ！

ザ・株鬼
THE KABUKI

かんき出版

はじめに

株は格闘技だ！

相場に無知でいてはいけない

「私はこうして儲けた」「100万円が1億に」「1年で20倍にする方法」「素人の私でも株で儲けた」——そういう題名の本を書店でよく見かけます。

でも、そんな簡単に誰でも儲かるなら、真面目に働く人はいなくなります。

どんな世界でも、そこで生きていくためには、その世界専門の知識、技術を身につけなくてはなりません。

それは一朝一夕に身につくものではないと思います。

とくに株の世界で生きていくためには、独特な専門用語に始まり、覚えなくてはいけないことが山ほどあります。残念ながら、無知でいては株の世界で生きていくことは難しいのです。

無知から抜け出すためには、まず、「**正しい思考方法**」を身につけなければならないと、私は考えています。

過去の実績を自慢することには、まったく意味がありません。大事なのは、そのときなぜ勝ったのかを論理的に理解し、言葉にして説明できること。

だから、上昇銘柄の発掘も売買テクニックも大事ですが、それよりも先に、正しい思考方法を身につけることが何よりも大事だと、考えているのです。

株式投資でいつも泣く羽目になるのは、無知な一般の投資家です。

なぜなら、無知ゆえに頼るものが何もなく、おのずと新聞や雑誌、インターネットなどで情報収集に走り、記事で推奨していたからとか、何となく上がりそうだからといった、何の根拠もない、自分に都合のよい解釈だけで投資して、相場の餌食になってしまうからです。

思惑通りに利が乗る（利益を出す）ことはまれで、ほとんどの場合は大事な資金を失う結果になります。

しかも、「本業の収入があるから」などと言い訳をして、負けても反省をせずに同じ過ちを繰り返しています。

たまたま思惑が当たり、利益を出す場合もあるかもしれません。しかし、それはあくまで偶然であり、次は偶然で損をします。自らの技術をもってして利益を得なければ、次も勝つ保証などどこにもないと、私は断言します。

「偶然の利、偶然に失う」なのです。


私は、世の悩める投資家に、こう提起したいと思います。

「理論武装せよ」

「思考方法を身につけよ」

「楽して銭は儲からない」

「楽して得た銭は、浪費癖という過ちを作るだけだ」

「株式投資に絶対はない。１００％の勝利もありえない」

「最終目的はただ1つ、利である」

そして、この提起の中身が本書に詰まっています。


お金は孤独を嫌い、集団を好む生き物。お金がたくさんあるところに、さらにお金が集まってきます。**利を得る技術を持っている人のところには、お金がどんどん集まってくるのです**。

お金はあっても邪魔にはなりませんし、場所も取りません。あるだけで、心の豊かさと安心を与えてくれます。

株式投資は、頭のよい人が勝つとは限りません。頭のよい人が勝つなら、大学教授はみな大金持ちでなくてはなりませんし、ノーベル賞受賞者もこれまた大金持ちでなくてはならないはずです。

経験が浅いから負けるとも限りません。経験で勝てるなら、年寄りはみな金持ちでなくてはならないはずです。

相場の世界ではよく、「勝てば官軍」と言われますが、勝利が一時のものであってはならないと思います。**常に勝ち続けることこそが「王道」なのです**。

私は、王道を歩みたいと思っています。だから、過去の戦績を自慢することはしません。常にいま勝っているかどうかが大事だと考えるからです。

日本全国見渡しても、実践で相場を教えられる者は、私以外にはいないと自負しています。すばらしいパフォーマンスを上げている教え子たちは、私の誇りです。人に教えることによって私もまた学び、進化し続けたいと思っています。

あなたも株鬼流投資法を学び、利を得る技術を身につけてください。

未熟さによって相場の餌食にならぬよう、1日も早く勝てる投資家になってほしいと思います。

株鬼流では、「株式投資」などと上品な言い方はしません。「相場」と言います。「相場」という相手に挑んでいく「**格闘技**」だと考えているのです。

そして、「相場との闘い」に終わりはありません。言い換えれば、「**相場道に終点はない**」ということです。

まず、考え方を根本的に切り変える

本書は、株鬼流投資法をとてもわかりやすく解説しています。相場に対する正しい思考方法を身につけ、相場で勝つためのさまざまな手法が書かれています。投資家の武器であるチャートのノウハウも豊富に載せています。

株鬼流投資法は、いままで個人投資家がさんざん聞かされてきた投資法とはまったく違います。

多くの株式評論では、「安いときに買って高いときに売りなさい」と書いてあります。その考えに沿って、「安くなったら買いたい」「1000円を切ったら買いたい」などと口走る投資家が多すぎます。

よって、「押し目買い」という愚行に走るのです。

押し目は、上昇中の株価が一時的に下げる局面のこと。でも、株価が下げている最中に、どうして押し目だとわかるのでしょうか？　そのまま株価が下落し続ければ、押し目ではなかったことになってしまいます。

相場は生き物だから、株価がこれからどう動くかは誰にもわかりません。それなのに、株価は上昇することを大前提に相場を論じるから誤るのです。


まず、考え方を根本的に切り換えてください。相場では、**安値を買うより、高値を買うほうが安全なのです**。これが株鬼流投資法の基本のキです。

これは、一言で言うと、相場を「安い」「高い」ではなく、**「強い」「弱い」で考える**、という思考方法から来ています。

なぜなら、「安い」「高い」は、判断する基準を投資家の感覚だけに頼っていますが、「強い」「弱い」は、チャートの動きと出来高の量という客観的な判断基準に拠っているからです。簡単なようでいて、とても難しい思考方法です。

私は、この考え方に至るまで3年の月日がかかりました。証券会社にいた現役時代、売った買ったの毎日で、夜を徹して猛勉強をしていたときの話です。

「なぜ、昨日まで200円でいくらでも買えたのに、今日220円の高値で買うのだろう？　馬鹿の見本のような買い方だ」と、
当時証券界でも指折りのチャーチストであった上司を批判的な目で見ていました。

理論家であればあるほど、ファンダメンタルズの思考が強くなり、株の価値判断基準を比較論に求めるようになります。たとえば、松下電器産業（現パナソニック）に比べて、シャープが割安だという具合いに。

この比較論はときには正しいのですが、必ず根底に、高い株価を買えないという「弱気」があります。

それだけではなく、ファンダメンタルズの思考は、「データに頼る」という最大の過ちを犯します。データはすべて過去のものなので、いくらデータを並べても、そこから未来は見えてきません。この手法には、「推理する思考」が決定的に欠けているのです。

また、「人気」という相場において最も重要な〝魔物〟も、まったく無視しています。「人気」は株価を動かす最大の要素。これを無視して投資はできません。

チャートが相場の荒波を乗り越える方法を教えてくれる

とはいえ、高値を買うのはリスクが大きい、という読者の意見もあるでしょう。だから、リスクを避け、より完璧な買い場を見つけるために、株鬼流の思考方法と高値時点における徹底したチャート分析があるのです。

ちょっと例え話をします。あなたを乗せた船が、荒れた海の上に浮かんでいると想像してください。何の目標物もない危険な海上では、船の行き先を示す「海図」が命綱になります。

このとき、生きるか死ぬかの瀬戸際です。海図だけではなく、風の向き、雲の流れ、月や星の位置など、さまざまな情報があります。どんなささいな情報でも、見逃すと命取りになります。

これを相場に置き換えると、海図とはズバリ、「**チャート**」です。

これに加えて、相場が発するたくさんの小さなサインがあります。もし、サインを見逃したり、安易に仕掛けたり、思い込みが激しかったり、ロスカットをしなかったりすると、命と同じくらい大事な大金を失うことにつながってしまいます。

だから、本書ではチャート分析を中心とした株鬼流のノウハウを徹底解説しています。株鬼流のテクニカル手法を身につけてください。


私はこれまで、さまざまなテクニカル手法を試してみました。

柴田罫線がナンボのモンじゃい！　一目均衡表がどうした！　グランビル？　誰だそれは？　――とけなしたいところですが、正直、それぞれから学ぶことも多かったです。

ただし、チャートをむやみに難解で神秘的なものにしているテクニカル手法――「宵の明星」「窓ウメ」「はらみ足」「包み足」「かぶり」――ｅｔｃ．を読者に覚えなさいと言うつもりはまったくありません。

趣味でやりたいなら結構ですが、一般の投資家には、チャート信者、罫線屋にはなってほしくないからです。

株鬼流は、難解なだけの用語はいっさい覚える必要ありません。株鬼流チャートには、すべて理論的な裏付けがあり、神秘性などまったくないのです。

豊かな人生を送りたい、普通の仕事ではとても持てないような資産を持ちたい、と願っている真剣な投資家の力になりたいと、私は思っています。

本書を手に取り、どうかじっくり最後まで読んでください。株鬼流投資法を身につけ、相場という魔物に勇気を持って挑んでほしいと切に願います。

そして、命より大事なお金を、簡単にドブに捨てるような行為は、もう今日限りでやめましょう。

ザ・株鬼

株鬼流 最強の株式道場

CONTENTS

第1章 株式投資の常識をくつがえせ！株鬼の考え方
――勝ち続ける株式投資の基本を理解する

第2章 株鬼が選ぶ8つの必勝チャートパターン
——チャートパターンを体に染み込ませて、オイシイ銘柄を取り逃さない

CONTENTS

株鬼流 最強の株式道場

第3章 大きく儲ける 株鬼流銘柄選びの極意
——上昇相場を見逃さず、しっかり乗って利益をたたき出す6つのルール

CONTENTS

株鬼流 最強の株式道場

第4章 相場で勝ち続ける株鬼流の買い方
――株の最高の買い時を絶対に逃さない相場の見方・読み方

第5章 利益を最大化し、損失を最小化する株鬼流の売り方

――常に最高の売り時を捉えて実行するテクニック

CONTENTS

株鬼流 最強の株式道場

第6章 常勝の道を歩む株鬼の心構え
——相場に向き合う日々の心構えが勝負を左右する

編集協力　中野稔彦
装丁　吉村朋子（デジカル デザイン室）
資料提供　大和証券株式会社

株式投資の常識をくつがえせ!株鬼の考え方

1

勝ち続ける株式投資の
基本を理解する

1-1 株価のみを信じよ

株価とは、噴水の上に乗っかっている風船

株価はどういうメカニズムで決まるのか——。

私が常に考え、解明しようと勉強し続けた結果、ようやくわかったことがあります。

それは、「株には、自動車や住宅のように、安定的な価値基準がない。株価を決めているのは、その時々の個別銘柄に対する人気だ」ということです。


株価とは、「人気」という名の噴水の上に乗っかっている風船のようなものだと思います。

噴水（人気）の勢いが強ければ、風船（株価）は高く舞い上がります。

噴水（人気）の勢いが弱ければ、風船（株価）は水の出口付近まで落ちます。

株価が高いか安いかということを語るときに、私たちは往々にして、株価が噴水の上

株価は噴水の上に乗る風船のようなもの

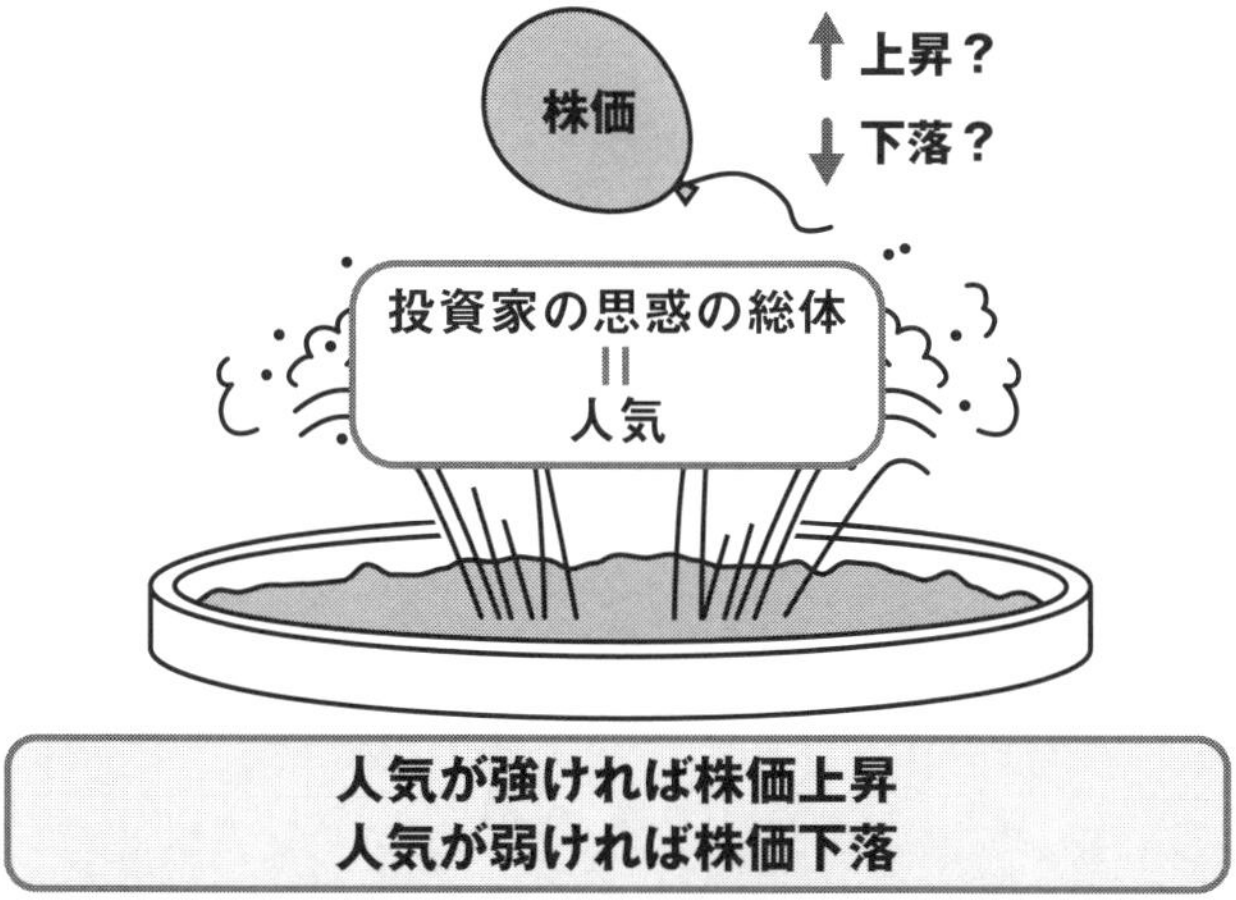

にいるのだということを忘れ、風船の価値だけを語ってしまう過ちを犯します。「人気」の正体は、「株を買いたい」「この株で儲けたい」というさまざまな投資家の意欲・欲望の集まり、「思惑の総体」という得体の知れないものなのです。

株価の動きがすべてを表す

すると当然、人気が出そうな個別銘柄を見つければよいということになりますね。

でも、「この個別銘柄の人気が将来出そうだ」と予想することはできても、それが100％確実だとは断定できないのではないか、それでは本当に人気がある個別銘柄を見つけたことにはならないのではないか、と私は考えました。

将来どうなるかは完璧に予想できない以上、

「いま人気が出始めている」

「いま人気絶好調」

という個別銘柄を見つけるほうが簡単だし、確実ではないかと思い至りました。

すなわち、株式投資で勝つ秘訣とは、**人気が出始めたことを確認してから「買い」、人気が衰えてきたときに「売る」**というシンプルな方法に尽きると考えたのです。

投資家が誤った投資判断をするとしたら、それは「人気」という客観的な要素以外のことに目移りするからです。たとえば、「この銘柄は実力があるのに」とか「自分好みの銘柄なのに」などの主観的な判断がそうです。

投資家の価値判断は千差万別で、投資家の数だけ判断基準がある、と言ってよいでしょう。それらたくさんの判断が集約されて市場全体の人気が決まって、株価がつけられているのです。

あなたは、次の2つのどちらの方法を選びますか？

①いろいろな投資家の判断基準を個別に分析する。

②市場全体の人気状況を分析する。

当然、②のほうがラクだし確実ですよね。

私は、市場のことは市場の判断に任せ、「**株価のみを信じよ**」と言いたいのです。だから、株価の動きを研究することが、株式投資の成功につながると確信しているのです。

株価は投資家の思惑の総体で決まるものであり、絶対的な基準はない。

1-2 株式投資は保有ではなく売買で増やせ

大きく増やすならキャピタルゲイン

あなたが株式投資で大きく儲けたいなら、インカムゲイン※ではなくキャピタルゲイン※で資金を増やすことを心掛けてください。

個人が資産運用をする際、定期預金や国債を買うのは、インカムゲイン狙いの投資法です。

株式投資においても、配当利回り※や株主優待※を期待するインカムゲイン狙いの中長期投資をすすめる証券マンや株式評論家はよくいますが、これでは資金を大きく増やすことは不可能です。

投資に対する考えは人それぞれですから、配当金や株主優待目当てで、中長期で株を持ち続けること自体を否定はしません。

しかし、あなたが自分の資金を大きく増やしたいと考えているとしたら、これらはよ

インカムゲイン
預金の利息や株式の配当など、金融商品を保有し続けることによって得られる現金収入のこと。

キャピタルゲイン
株などの金融商品を買い、値上がりしたところで売って得た利益のこと。証券会社に株を借りて売って（信用売り）、値下がりしたところで買い戻して得た利益もそう。

配当利回り
現在の株価に対して、年間でどれだけの配当金を受け取るかを示す株価指標。「1株当たりの年間配当金÷現在の株価」で求める。たとえば、株価が500円で、配当金が年10円の場合の配当利回りは、10円÷500円×100＝2％。予想配当利回りは、今期支払われる予定の配当金額で計算したもので、投資の判断材料にはこちらを使う。

い選択とは言えません。資金を大きく増やすなら、**売買によるキャピタルゲインで増やすべきです。**

＋配当利回りはたかが知れている

そもそも、配当金や株主優待の権利が、世の中の金利水準を著しく上回ることは理論上ありえません。

なぜなら、世の中の金利水準を著しく上回るような配当金を出す銘柄があったとすれば、その銘柄に投資が集中して株価が上昇し、金利水準に見合うところに配当利回りは落ち着くだろうからです。

仮に、明らかに高い配当金をもらえるはずなのに、株価が上昇しない銘柄があるとしたら、配当金が実際に出る可能性を株式市場が疑っているということ。市場は、その会社の経営には信頼がおけないと考えているわけです。

世の中の金利を上回るような配当金を出して会社の資金を流出させるよりは、負債を返済したほうが経営の安定につながるので、まともな経営者なら、市中金利※より高い配当金を出すことはぜったいしません。

つまり、現実にもらえる配当金の額などたかが知れているので、株式投資による資金運用は、売買でやるものなのです。

株主優待
株を発行した会社が、株主に対して品物やサービスを提供する制度。その会社が取り扱っている商品・サービスであることが多い。外食会社の食事券、航空会社の運賃割引券、百貨店の商品券などさまざま。

市中金利
銀行が会社に対してお金を貸す際の金利のこと。現在は日本銀行の超低金利政策で市中金利はとても低くなっている。

NEC（6701）のチャート（週足）

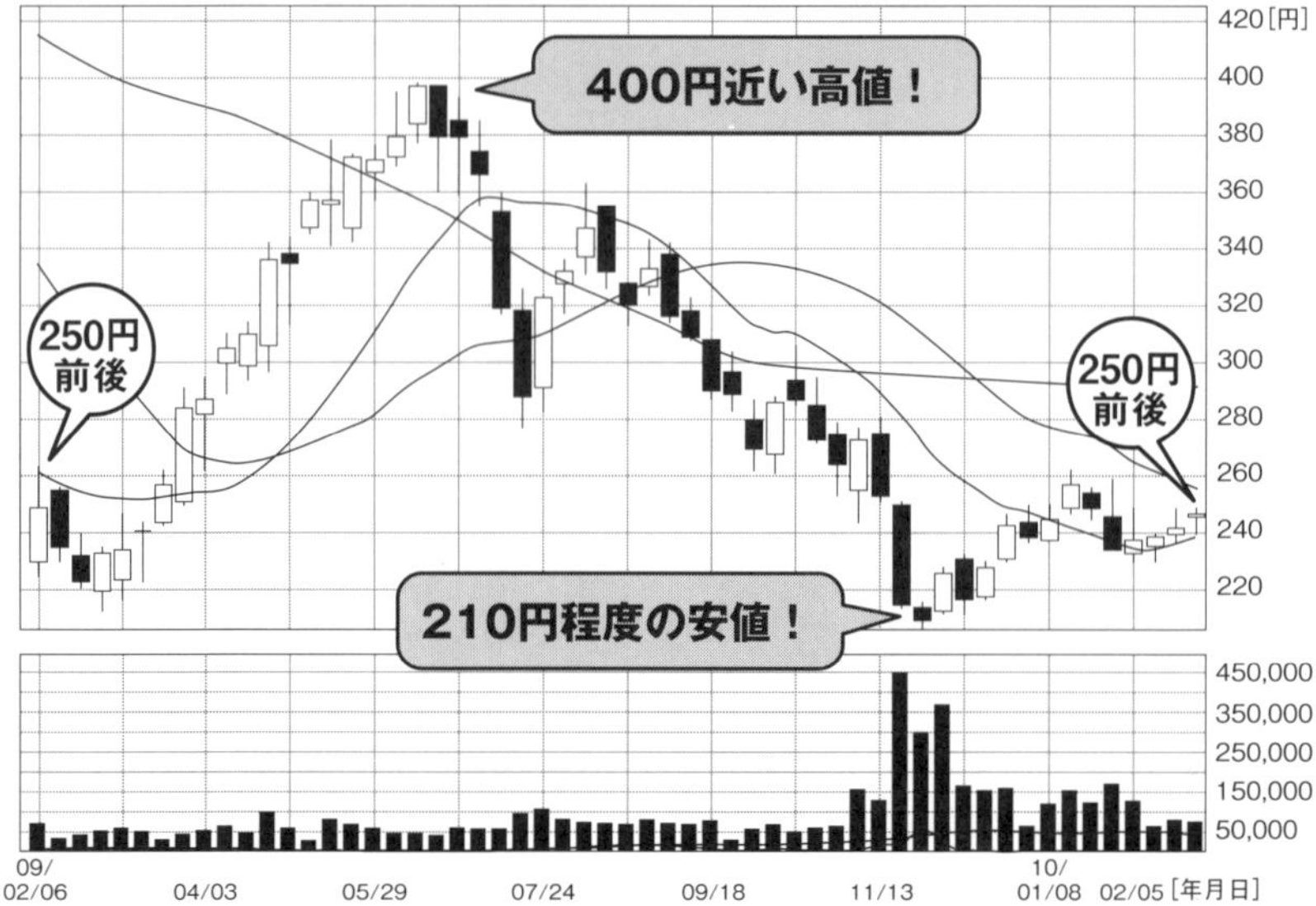

＋ 変動幅でデカく儲けられる

年間の配当利回りはだいたい2％台、よくて3％ですが、株価は1年間でこの程度の値動きを何回もします。その動きを年間で2回も取れれば、もう配当利回りの2倍の収益を上げることができます。日経平均株価※で見ても、年間の値動きの累計は、10％を大きく上回ります。

それどころか、株価は市場の期待に応じて、年に何度か大きなうねりのように変動することがあり、たとえ年始と年末の株価がさほど違わないとしても、年間の安値《やすね》と

日経平均株価
日本の株式市場の株価水準を表す代表的な指標。東京証券取引所第1部に上場している銘柄のうち、バランスなどを考慮して225銘柄が選ばれ、株価平均値が発表されている。

高値《たかね》の変動幅は数倍になることが間々あるのです。その動きを取ることができれば、**1年で資産を何倍にも増やすことができる**のです。

右ページのNECの1年間のチャート（2009年2月〜2010年2月）を見てください。2009年2月と翌2010年2月はともに250円前後ですが、高値は400円近く、安値は210円程度で、その差は2倍近くにもなります。年間でこの値幅をたった1回取るだけでも、単純に言って資産は2倍に増えるのです。

繰り返しますが、株式投資は売買益を目指すものです。株価が年間を通じて何度も見せる変動幅を取って、デカく儲けましょう。

・株式投資は配当利回り狙いではなく売買益を狙う。
・年間の株価の変動幅を取っていけば、資産は何倍にもなる。

1-3 株価は「強い」「弱い」で考えよ

＋安いときに買って高いときに売る、は大間違い

私は常々、株式投資で成功する秘訣は、「高い株価を買って、より高い株価で売る」ことだと言っています。

ところが、そう言われると「?」という顔をする人たちが結構います。

その理由は、株についていろいろと解説する株式評論家や株式アナリストたちが共通して言っている間違った考え方――「株は安いときに買って、高いときに売る」に染まっているからです。

評論家やアナリストは、「この銘柄は将来有望なので買いなさい」と推奨銘柄を語ります。

でも、資金運用においては当然、買った株を売らなければ儲けを出すことはできないのに、残念ながら、彼らが「売るタイミング」について語ることは極めて少ない。

まるで、安く「買った」んだから、後は勝手に高いところで「売れ」ばいいじゃありませんかと、個人投資家を突き放している感じがします。

まず重要な事実は、「将来のことは誰にもわからない」ということです。

長年、株式投資を行ってきた投資家たちは、その事実を痛感しています。だから、おいそれと将来を予言するようなことを言ったりしないのです。

いつか上がるのを待ち続けるのは無意味

また、評論家やアナリストは、よく結果論で株価が高いか安いかを語ります。すでにわかっている過去の事実を振り返って、あの株価は「安かった」などと言うのです。

たとえば、日立の株価が、400円から上昇して800円になったとき、「400円は安かった。買い時であった」と言います。

私たち投資家にとって、そんな過去の話は意味があるのでしょうか？

「今後800円になる株だから、いまの400円は安い」と言ってもらえなければ意味がないのではありませんか？

結果が出た後に述べるなら簡単ですし、責任を取る必要もないでしょう。

そういう訳知り顔の評論家やアナリストの主張は、「株は投資として中長期的に保有していれば、そのうち価値が上がる。投機的に短期間で勝負すると失敗することがある」ということです。

中長期的に見れば、いつの日か買値を上回ることがあるかもしれませんが、結局、「安い」と推奨した銘柄がその後、上がっても下がっても文句を言われないための責任逃れの言葉にしか聞こえません。

たしかに、日本が目覚しい経済成長を遂げていた戦後〜昭和の時代までは、株価は右肩上がりでどんどん上昇していったので、中長期的に保有していれば、株の価値は自然に上がっていきました。

しかし、1990年のバブル崩壊※以降、株を保有しているだけで価値が上がっていくという時代は終わりました。事実、1989年の高値4万円弱から20年経過した2009年末で、高値を更新した銘柄は95銘柄しかありません。

95銘柄もあるのかと考えることもできますが、上場企業の数は大ざっぱに言って3000社ぐらいあるので、わずか3%にすぎないのです。これなら、**株を買った後はずっと持ち続けるだけなのが、いかに効率の悪い運用かわかりますね。**

1989年当時、20年後も上昇している95銘柄を当てた評論家が、1人でもいるでしょうか。いまでも同じように「○年後に上がる銘柄」などと言っている株式評論家がいますが、予言者かそれとも詐欺師だろうとしか思えません。

現在は、株価が将来上昇することが保証されていない時代なので、いまの株価が「安

バブル崩壊
1980年代後半の好景気で株価や土地価格が高騰したが、1990年代に入ると一転して不景気に突入し、株価や土地価格が暴落していった現象。泡が膨れて弾けるように日本経済の状況が一変したことから名付けられた。

い」とは言えないのです。

確かに言えることは、「いま現在、株価は上昇している」という事実だけです。さらに、出来高や株価を見て、「さらに上昇しそうな感じがする」とは言えるでしょう。

いま上昇している株価だけを買う

私の投資の考え方はリアリズムに基づいています。リアリズムとは、将来のことを考えるのではなく、「いま現在、株価が上昇方向に向いているのか、下落方向に向いているのか」を判断して投資する手法です。どうなるかわからない将来を語るのではなく、いまを考えるのです。

「**株式投資は、高い株価を買って、より高い株価で売る**」

これが、私が長年、株式投資を専業でやってきて獲得した真実です。

先に述べたように、現在の株価が安いか高いか判断できない以上、「安いときに買って、高いときに売る」というのは理想論で、株式相場を実践的に理解していない評論家の机上の空論です。

繰り返しますが、現在の株価を見てわかるのは、「いま現在、株価が上昇している」あるいは「いま現在、株価が下落している」のどちらかだけです。

この考え方は、株価を「高い」「安い」ではなく、**「強い」「弱い」で判断する**という

株は高く買ってより高く売るのが鉄則

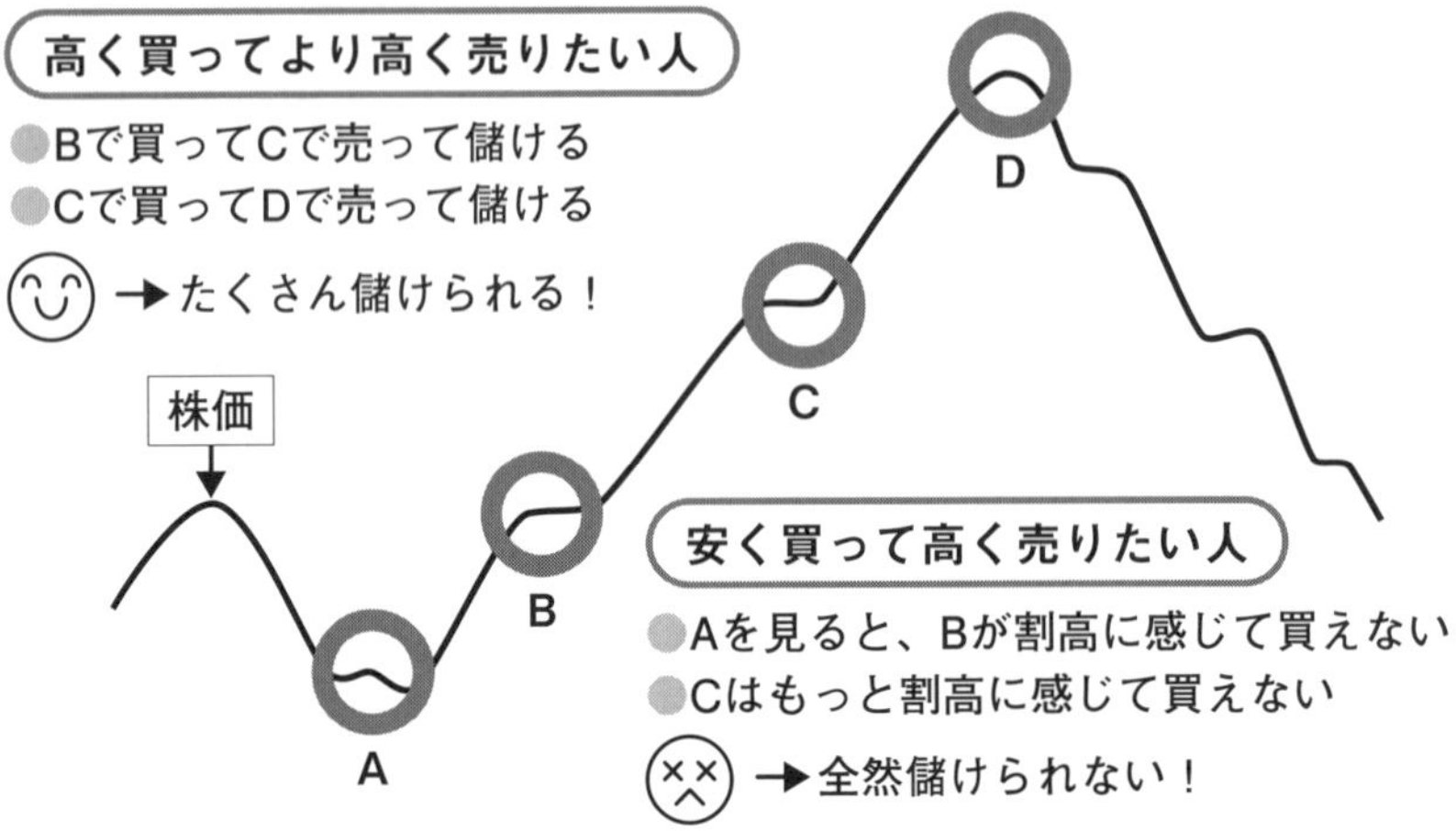
高く買ってより高く売りたい人
Bで買ってCで売って儲ける
Cで買ってDで売って儲ける
→たくさん儲けられる！
株価
A
B
C
D
安く買って高く売りたい人
Aを見ると、Bが割高に感じて買えない
Cはもっと割高に感じて買えない
→全然儲けられない！

思考法から来ています。出来高をともなって上昇している銘柄は「強い株」、下落している銘柄は「弱い株」と見なします。そして株鬼流は、**「強い株」に投資します**。なぜなら、**「強い株」は市場で人気がある**ということを明確に物語っているからです。

よって、「いま現在、株価が上昇している」銘柄を買って、さらに上昇したところで売って儲けるのです。

より具体的に説明しましょう。上の株価の図を見てください。

あなたが「安く買って高く売る」という発想だと、Bの株価を見たとき、Aの株価に比べると割高に感じられて買えないことが多くなります。まして、Cの株価は超割高に感じられて、絶対に買えないでしょうね。

でも、「高く買ってより高く売る」という発想なら、Bの株価で買ってCの株価で売り、またCの株価で買って、Dの株価で売って儲けることができますね。

また、「高く買ってより高く売る」という投資法は、評論家の意見に頼るのではなく、自分で株価を見て「これはいける」と判断した銘柄に投資するわけですから、**常に「相場に勝とう」という強気で臨む姿勢になります**。

株式投資は、他人の言葉に惑わされずに自分の判断を信じるという「**強気の心**」で臨んでください。

・アナリストや評論家の言うことを鵜呑みにしない。
・いま現在の株価の上昇だけを信じる。

1-4 すべての情報は株価に集約される！

会社の将来の情報に投資する

私は株式投資において、「株価」と「出来高※」の情報さえ知っておけばいい、それ以外の情報は必要ない、と考えています。

巷には投資情報が溢れかえっています。会社四季報や日経会社情報などの上場会社の情報を網羅した本、証券会社の株式関連部署やシンクタンクが出しているさまざまなレポート。さらに、投資顧問会社――上場金融機関の子会社から得体の知れない街の情報屋的な会社まであります――が出しているレポート、株式投資関連の雑誌が書いている記事、一般の週刊誌に載っている今週の注目銘柄などのコラム……。

しかし、こうした情報はすべて過去の情報。機動的に動かなくてはならない株式投資に有益なものはほとんどなく、参考資料程度に考えてください。

そもそも、株を購入する人たちは、「**会社の将来性**」を見込んで投資します。言い換

出来高
売買が成立した取引の量のこと。たとえば、A氏が証券会社を通じてソニー株を3000円で1万株売りたいと注文を出し、B氏が証券会社を通じてソニー株を3000円で1万株買いたいと注文を出した場合、取引が成立して、1万株の出来高が形成される。

えれば、将来の情報に投資するということ。だから、すでに開示されている過去の情報をもとに投資してはいけないのです。

でも、株価と出来高には、会社の将来の情報がすべて入っているのです。

重要な投資情報ほど会社は開示しない

なぜそう考えるのかもっと説明しましょう。

まず、会社のよい情報も悪い情報も、すべてが市場参加者に公平に開示されることはありえません。

なぜなら、そもそも自分の会社の情報を頻繁に開示したい会社は少ないからです。会社の本業はあくまで事業を行うことであり、そこに一番コストをかけたいと思うものです。事業の途中経過を逐次、外部に報告することは面倒ですし、コストもかかります。

上場会社は四半期に一度、必ず決算状況などを開示する義務がありますが、株価に強い影響を与える重要な情報ほど開示されにくいのです。

たとえば、将来の利益につながる研究開発の進行状況など、プラス情報が開示されることはまれです。経営者は責任を取らされることを嫌がる傾向があるので、うかつに将来のことを語って実現できなかった場合に、追求されることを恐れるからです。

ですから、将来実現するかもしれないライバル企業を凌駕する技術なんて、開示されるわけがないのです。

まだ明るみに出ていない経営者の不祥事や営業の不振など、途中経過のマイナス情報も開示されません。この理由も同じように、経営者が責任を取らされることを恐れるからです。

会社が株式市場に開示する情報は、結果が出た事項か、確実に結果が出ることが見込まれている事項に限られるのです。

つまり、私たちは、すでに終わってしまった事柄から将来を推測することでしか、開示情報を利用できないのです。

会社の情報は自然と漏れ出し株価に反映される

しかし一方で、現在進行中のことや将来のことも含めた、株価に強い影響を与えるような会社の情報を、何となく知ることができる人たちが存在します。彼らは、その会社の周辺※にいて、何となく会社の様子を感じ取れる人たちです。

そしてたとえば、

「会社が研究開発を行っていて、かなりよい線をいっているようだ」

「社員が元気になってきた」

「お金の使いっぷりがよくなった」

会社の周辺
たとえば、A社の周辺で長く商売をしている人たちは、A社の社員が忙しそうだ、元気が出てきた、などを感じ取れる。また、A社の取引先は、取引量が増えた、引き合いが増えた、などに気づく。1つの会社が関わっている「周辺の人」は、とても多い。

など、会社内のことから身近な情報まで何となく気づくものなのです。

そうした生々しい情報は、その人たちを通じて外部に漏れ出します。そして、先の会社の周辺にいる人たちや、情報を人づてに聞いた人などが、株を買うことが間々あり、自然と株価が上昇していくものなのです。

また、その逆もあります。

不祥事があったり、経営者がおかしなことをしたりしていると、悪い雰囲気は同じように外部に漏れ出し、よい情報よりも早く広まっていきます。そして、株を保有している人たちは、株を売却して遠ざかっていき、自然と株価は下落していくものなのです。

つまり、会社の情報は、会社に近い人（川上）から会社に遠い人（川下）へとしだいに流れていき、情報をキャッチした株式市場参加者によって株の売り買いがされ、情報を反映した株価が形成されていくという仕組みです。

だから私は、**株価には、現在進行中のことや将来のことも含めて、その会社のすべての情報が反映されている**と考えているのです。

多数意見が集約された株価を見極める

株価にすべての情報が反映されているとはいえ、その株価を支持しているのが多数派なのか、少数派なのかを見極めなければいけません。

少数派ならその株価は信用できません。**株価は常に多数意見の反映でなければいけないのです。**それを見極める最も重要な判断材料は、銘柄の**出来高の量**です。**出来高が少なければ少数意見、多ければ多数意見**になります。

出来高が増えて、多数意見が集約されてくると、株価がこれから上昇するのか、下落するのかという「株価の方向性」が見えてきます。

出来高の基準については93ページで説明しますが、株価の方向性が見えてきたら、あなたもその動きに乗って銘柄に投資するのです。

株価は動いている生き物です。それだけに、常に株価と出来高の動きを観察していることが大事です。株価と出来高だけなら、インターネットでいつでも見ることができますね。

ローソク足の見方

それでは、左ページの図を見て、ローソク足と株価チャートの見方の基本を押さえましょう。すでに知っている人も、基本は大切なので、もう一度と確認しておくといいですよ。

まず、ローソク足の種類は「陽線」と「陰線」の2つ。それぞれ4つの株価、「始値《はじめね》」「終値《おわりね》」「高値《たかね》」「安値《やすね》」、いわゆる四本値《よんほんね》が示されています。

ローソク足の四本値

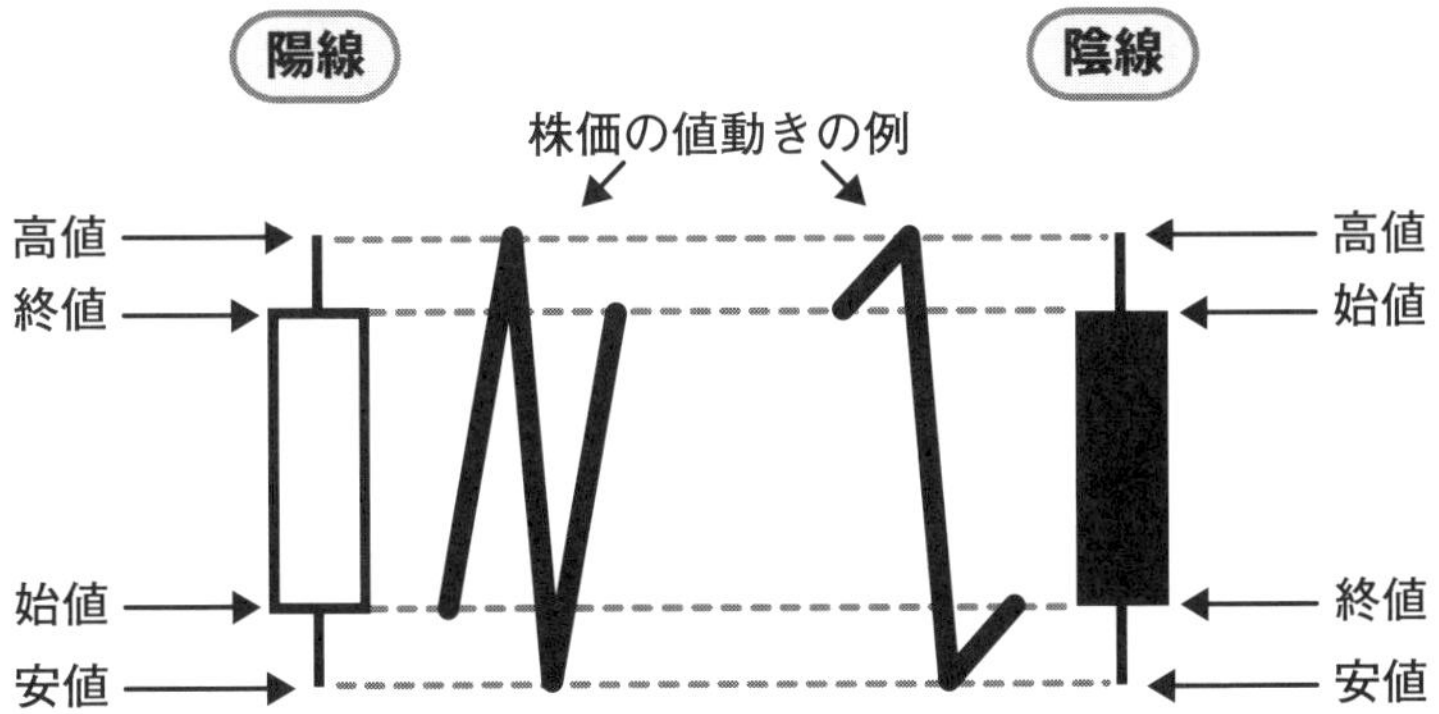

たとえば、あなたが日足《ひあし》※のローソク足を見ているとしましょう。

1本のローソク足が示しているのは、9時から15時まで（東証の場合）の丸1日の相場で、1日の相場が始まったときの株価＝始値、1日の相場が終わったときの株価＝終値です。1日のうちで一番高かった株価＝高値、1日のうちで一番低かった株価＝安値です。

ローソクの中がシロの陽線は、始値よりも終値が高かったとき。中がクロの陰線は、始値よりも終値が低かったときです。

ローソクから伸びている棒は「ヒゲ」と言います。ヒゲの上端が高値、ヒゲの下端が安値を示しています。

高値と安値の差が大きければ、それだけ1日の値動きが激しかったということになりますね。

日足
↓48ページ参照。

日立製作所（6501）のチャート（週足）

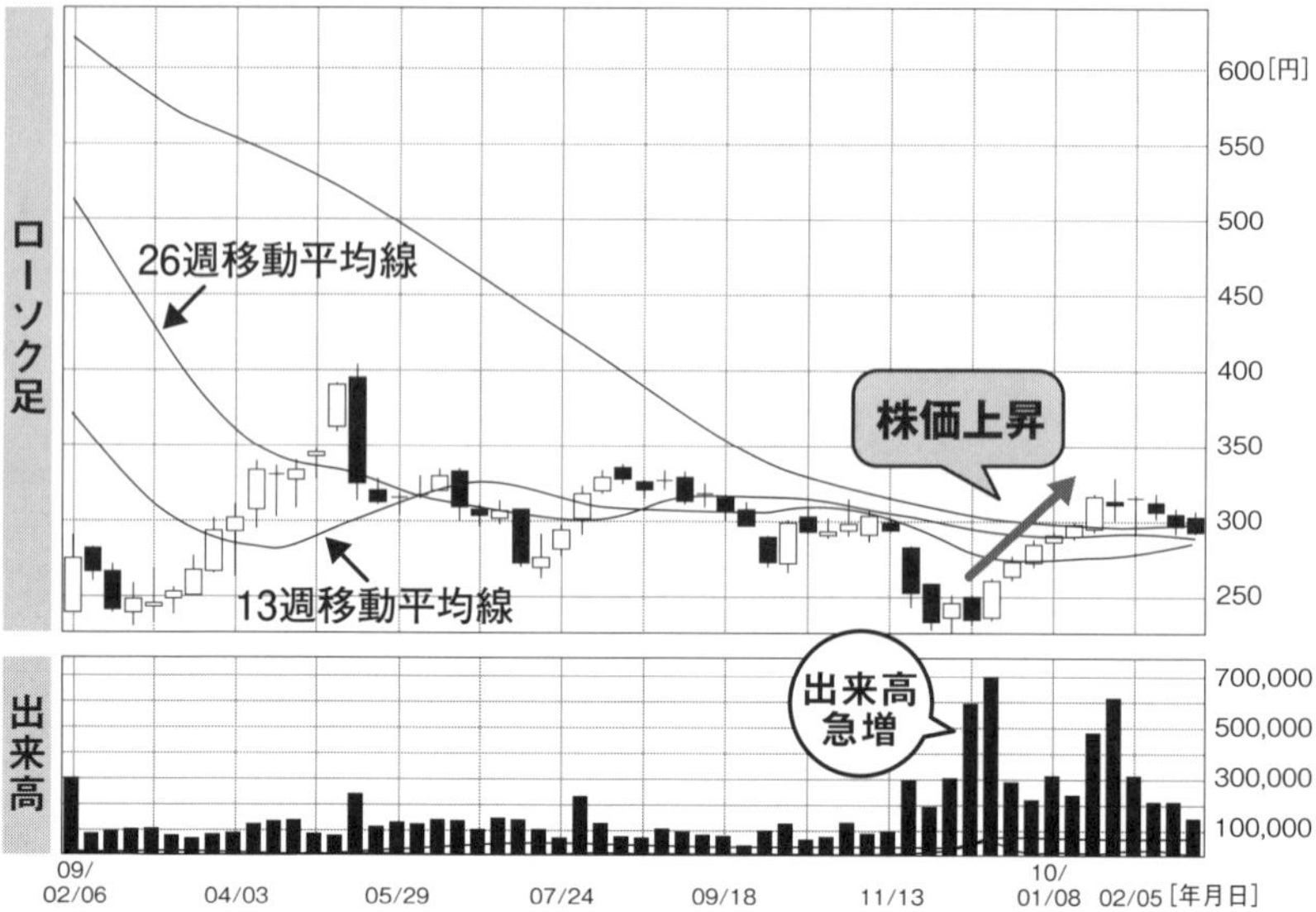

＋株価チャートの見方

それでは、上の図の株価チャートの見方を説明しましょう。

上段のローソク足が何本も並んでいるのは、株価の推移を表しています。陽線が続いているときは、株価上昇の力が強いとき、陰線が続いているときは、株価下落の力が強いときです。

下段の棒グラフは出来高の量を表したもの。株価が上昇するときは、出来高の量がグッと多くなっていることがわかりますよね。逆に、株価の値動きが少なく、相場が停滞していた時期は、出来高の量も少なくなっています。移動平均線については、73ページで説明します。

株鬼流は銘柄選びの基本を「チャート分析」においています。だから、株価チャートにできるだけ慣れ親しんで使いこなすことが、上達への近道なのです。

・隠されている情報も含め、会社のすべての情報は株価に反映される。

・株価と出来高の動きを示したチャートが株式投資の絶対的指針となる。

2

株鬼が選ぶ8つの必勝チャートパターン

チャートパターンを体に染み込ませて、
オイシイ銘柄を取り逃さない

2-1 ファーストステップはチャートパターンを覚えること

チャートパターンは8つ覚えればいい

この第2章では、株価上昇が確実に期待できる、８つの必勝チャートパターンを教えます。

株価の値動きに特定のチャートパターンを見い出して、今後の値動きを予測しようという手法を、「テクニカル分析」と言います。

テクニカル分析は、株価の上昇も下落も、投資家という人間が行っている行為で、どんな銘柄でも、「資金を増やしたい」という人間心理は同じだから、株価の値動きはパターン化されやすい、という考えが根底にあります。

チャートだけを見て判断すればいいという意味では、財務分析や経営分析が必要な「ファンダメンタルズ分析※」よりも、明快でわかりやすい手法だと思います。

テクニカル分析の基本は、代表的なチャートパターンを覚えることからスタートしま

ファンダメンタルズ分析
業績や財務内容、経営状況など、企業内外のさまざまな要因を分析し、企業価値を計算する手法。株価が企業価値に比べて割安だったり、将来株価が上がると予測できたりすれば投資する。

す。チャートパターンは数えきれないほど存在していますが、はっきり言って、そのほとんどは、ごく細かい値幅を取りにいくデイトレーダー以外には必要ない知識です。

８つの必勝チャートパターンは、株価が上昇するパターンとして頻繁に出る形であり、なおかつ瞬間的なものに終わらず、力強く上昇していく信頼できるチャートだと、私が考えているものです。一般の個人投資家なら、この８つを覚えれば十分でしょう。

①N——１回底入れした後に反転、上昇トレンドに転換。
②W——２回底入れした後に反転、強い上昇トレンドに転換。
③T——高値水準での停滞を抜けて大きく上昇。
④S——底這いを続けた株価が上昇トレンドに転換。
⑤二本抜け——13週・26週移動平均線を抜いて上昇。
⑥三山抜け——３つ目の上昇の山を抜けると買い場到来。
⑦のろし——底這いから突然高値をつけ、しばらくして急騰。
⑧六陽連——月足で陽線が６本連続して出ると上昇。

８つのチャートパターンを覚えたら、現実の相場に当てはめられるようになってください。

チャートパターンを習得することは、運や評論家頼みで投資せず、自分の判断能力で、銘柄選びや売買タイミングをつかむようになれるファーストステップです。

ちょうど、プロ野球のイチロー選手が、「投手が投げたどんな球でも、センター返しならいつでもできる」と豪語するように、実際の株価の値動きを見たら、すぐに該当するチャートパターンが頭に思い浮かぶくらいに、自分のものにすることが大事です。

週足→日足の順に分析、そして時々月足チェック

チャートは時間軸によって、分足※、日足※、週足※、月足※と、さまざまに見ることができますが、どの期間で区切ったチャートを読めばよいのでしょうか?

私は、**銘柄の分析や判断の基本を「週足」においています**。

株価と出来高が変化※する傾向は、時間が経過すればするほどわかりやすくなりますが、私は経験則で、日足では短すぎる、月足では長すぎると思っています。

株価がある傾向にしたがって動く場合、1日だけでは確証がありませんが、1週間も続いていれば、明確な傾向だと言えます。株価の上昇、下落の傾向は、時間の経過とともにより明らかになるのです。

また、月足から見ていくと、1カ月以内で相場が終了してしまう銘柄を見つけることが難しくなるので、やはり週足で見ることが大切です。

分足
3分足（3分ごと）、5分足（5分ごと）など、一定の分刻みでローソク足が表示されたチャート。値動きの激しい銘柄の細かい値動きまで把握でき、主にデイトレードで使われる。

日足
1日の値動きがローソク足で表示されたチャート。

週足
1週間の値動きがローソク足で表示されたチャート。

月足
1カ月の値動きがローソク足で表示されたチャート。

出来高が変化
不特定多数の投資家を対象とする公募増資（新株発行）や売出し（発行済株式の販売）が行われると、市場に流通する株式が急速に増加することがある。この場合は、株価が上昇する出来高の急増と区別して考える必要がある。

日立製作所（6501）の1年間のチャート（週足）

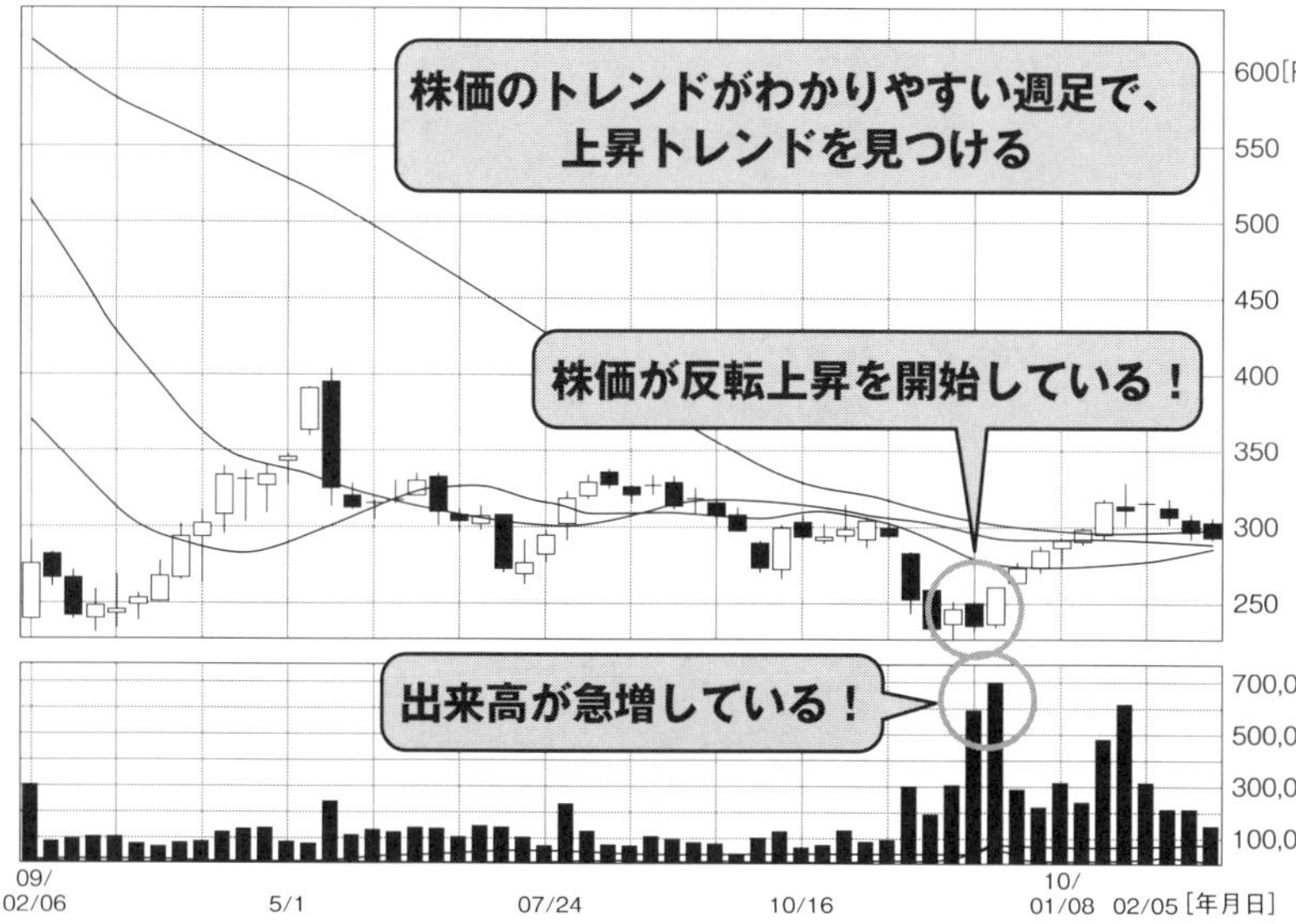

日立製作所（6501）の1年間のチャート（日足）

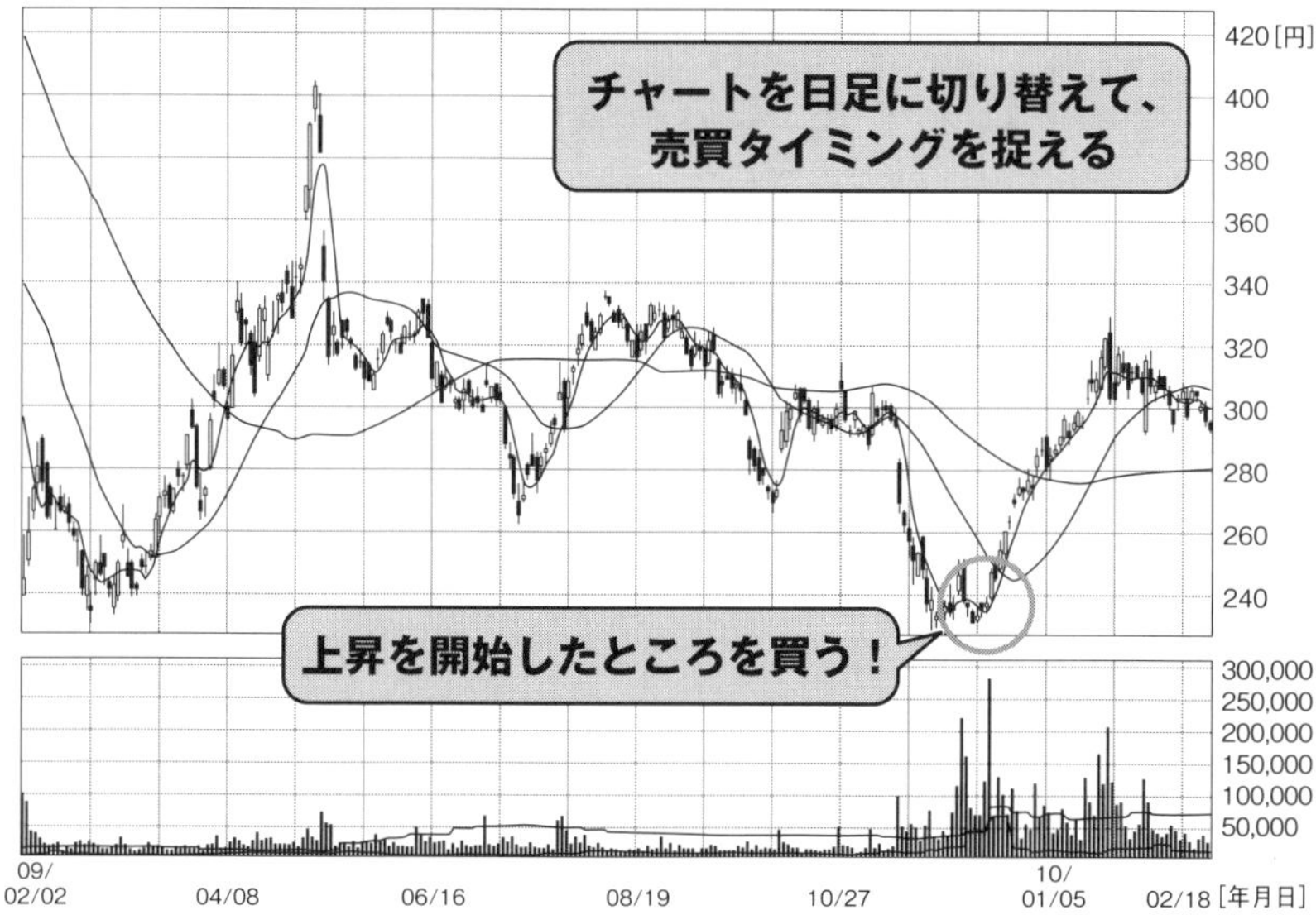

やり方としては、週足で上昇過程に入りそうなチャートパターンを発見し、間もなく上昇しそうだと確信したら、チャートを日足に切り替えて買いのタイミングを捉える、という順番で、時間軸を徐々に狭めて投資対象を絞り込んでいく手順がよいでしょう。

ただし、時々、月足もチェックしています。徐々に時間をかけて「買い」のエネルギーを溜めて到来する大相場や、長く低迷していた銘柄に相場の転機が来たことを知るには、月足で見るのが最適だからです。

・チャートパターンを自分のものにする。
・まず週足チャートを見る。パターンが見えたら、日足で買いのタイミングを捉える。

2-2 1回底入れした後に反転、上昇トレンドに転換の「N」

株鬼の必勝チャートパターン①

株価が前の高値を抜いたときが投資タイミング

「N」は、投資タイミングを測る基本パターンで、最もわかりやすく、日足でもよく現われる形なので、最初に覚えておいてください。

52ページの図のように、「N」は、まさしくNの形を描き、株価がいったん高値をつけた後下がり、また上昇を始めて、直前の高値を抜く形です。一般にN波とも呼ばれています。

「N」はなぜできるのでしょうか？　図を見ながら理解してください。

株価が上昇してくると、早めに買っていた人たちは、早く利益確定※したいという理由で落ち着かなくなり、利益確定させる「売りのタイミング」を測るものです。

そこで、いったん高値Bをつけると、利益確定の売りが多くなり、株価はいったん下がります。

利益確定
購入したときよりも株価が上昇して含み益が出ているとき、その銘柄を売却して利益を得て、取引を終了させること。

Nのチャートパターン

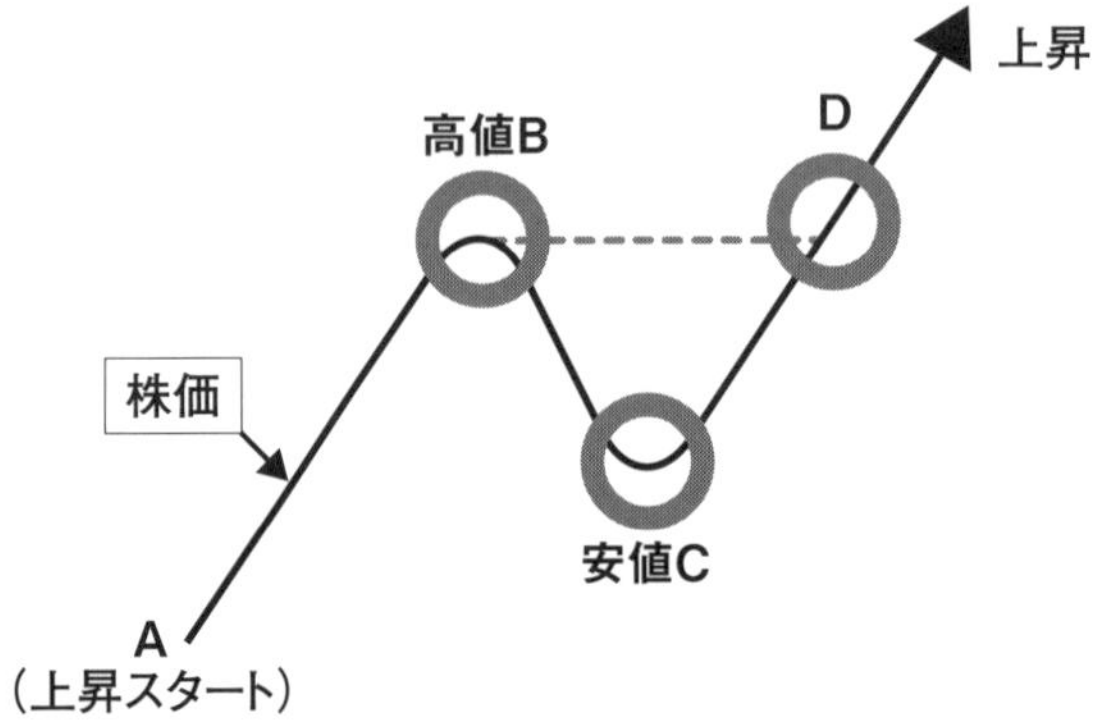

株価が上昇し、Bの高値をつけた後下落、
Cの安値で反転上昇し、高値Bを抜いたDの時点で買い！

高値Bは、利益確定できなかった人たちの目先※の売りの目標株価になります。ところで、この高値Bで信用売り※をした人たちが存在しています。

彼らは、売ったときよりも安い株価で買い戻して利益を得ようとするので、株価が相応に下がったところで買い戻します。株価は、信用売りの買い戻しが入った安値Cで下げ止まり、反転上昇を始めます。

すると、以前の高値Bでは売れなかった投資家が、今度こそ売ろうと待ち構えています。また、一度信用売りで儲けた人たちが、投資家心理※として、以前に成功したのと同じ信用売りを、その高値B付近でもう一度仕掛けようと目論んでいます。

目先
現在のごく短期的な相場の状況。

信用売り
証券会社などから株を借りて、「売り」から入る信用取引の一種。株価が高いところで売って、下落したところで買い戻し、その差額が儲けとなる。信用取引は原則として、6カ月以内に借りた株を返却しなければならない。また、株を借りる際の担保として、証拠金を拠出する。目論見に反して株価が上がった場合、追加の証拠金（追証）を拠出しなければ、自動的に証拠金が決済されて信用取引が終了してしまう。

投資家心理
ここでは、ある手法で一度儲けると味をしめて、また同じ方法で儲けたくなるという心理。

あなたが「N」に気づくタイミングは、安値Cで反転上昇を開始したときがベストです。株価が高値Bを抜いて「N」を形成するかどうかウォッチし、高値Bを抜いた株価Dが買いのタイミングになります。

前述したように、売りもたくさん待ち構えているわけですから、高値Bを抜いたという事実は、待ち構えていた売り以上の買いが入っていることを表しており、「N」は強い指標だと言うことができるのです。

高値Bの水準でまたまた信用売りを実行した人は、株価が下落していかないので目論見が外れて、今度はあわてて買い戻しに入ります。損失を少なくするためです。

高値Bは、それまでは売りの目標株価でしたが、株価が上昇してBを抜いて「N」を形成した瞬間に、高値Bで信用売りをした人たちにとってはBは、買い戻しの株価に変わるので、強い支持線※になるわけです。

週足でこの形が現われると、投資のタイミングの到来を意味します。もちろん、日足でもこの形がよく出ますが、その場合は、目先の投資のチャンスと捉えています。

「N」を形成した相場を見てみる

それでは、実際の相場で「N」を作った例を見てみましょう(54~55ページの図)。

支持線
上下動している株価が、これ以上下落していかない価格帯のこと。下値支持線とも言う。

ジーエス・ユアサ コーポレーション（6674）のチャート①（週足）

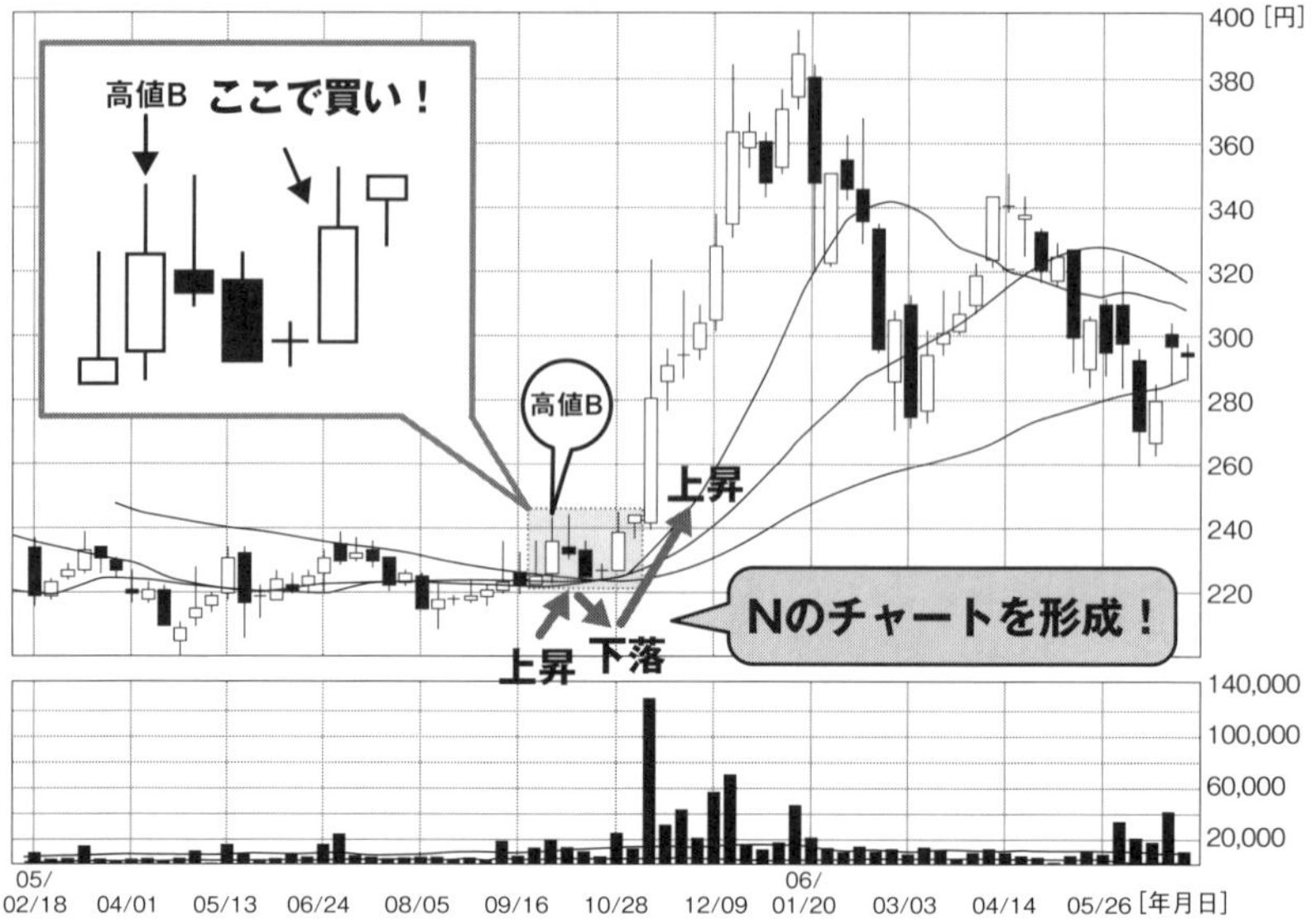

ジーエス・ユアサ コーポレーション（6674）

これは、材料※が何度も取り上げられて人気化し、上昇を繰り返したケースです。時間をかけて大きく株価が上昇しています。

①（上）と②（左ページ）のチャートを見ればわかるように、「N」を2度作って株価が大きく上昇していますね。

まず1度目の「N」から見てみましょう（①）。

株価が2005年9月末〜10月始めにかけて小さく上昇して高値Bをつけた後、10月中旬に向けて下落しています。そして反転上昇し、11月に向けて「N」を形成し、

材料
株価を動かす情報のこと。

ジーエス・ユアサ コーポレーション（6674）のチャート②（週足）

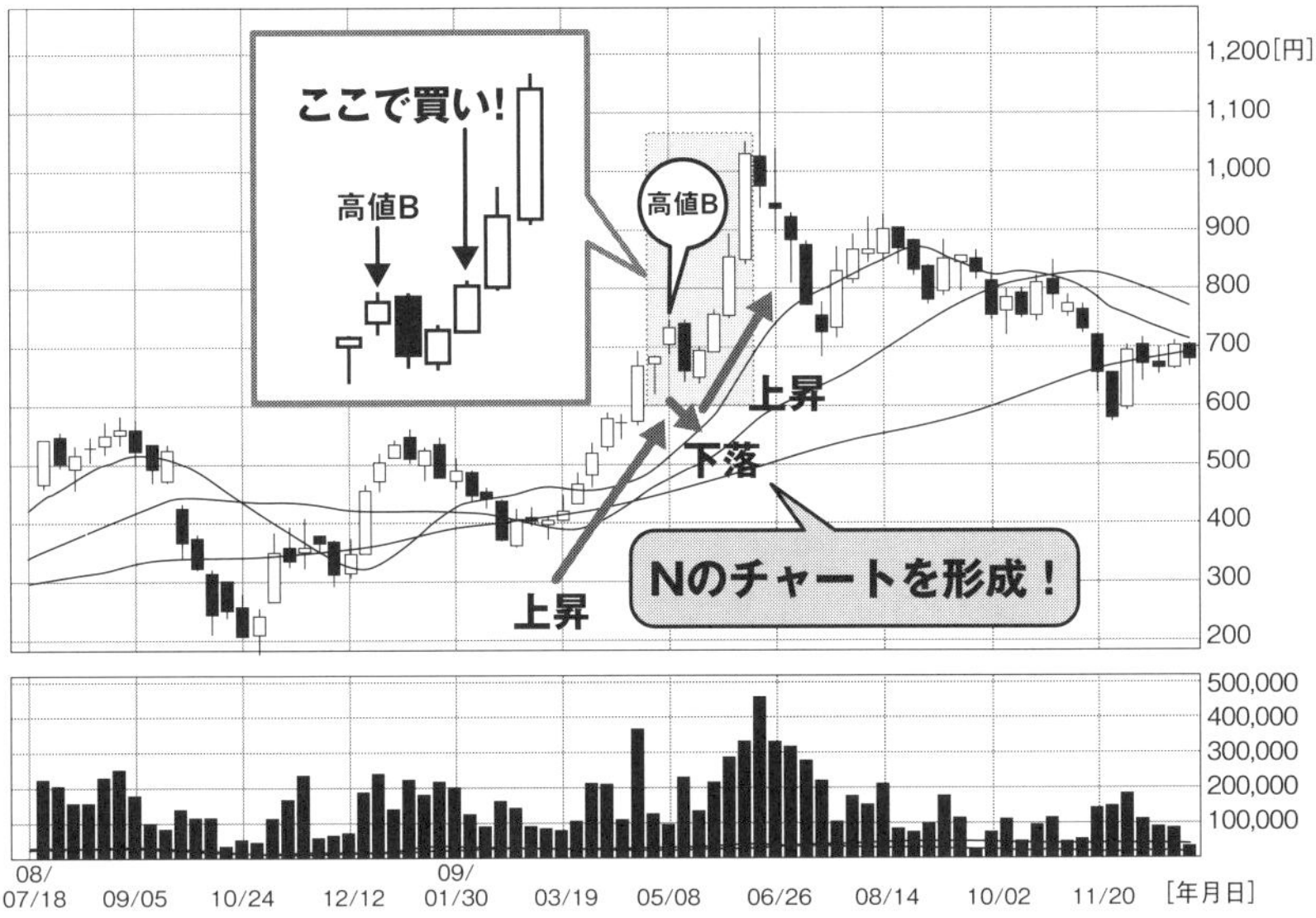

その後大きく上昇しました。

次に2度目の「N」を見てみましょう（②）。

2009年3月から上昇を始め、高値Bをつけた後、5月中旬に下落、そして反転上昇して「N」を形成し、大幅に上昇しています。

2度目の「N」はまさしく絵に描いたような典型的な「N」ですね。

＋ 出来高が足りない再度の上昇は途中で力尽きる可能性もある

「N」はとてもわかりやすい形ですが、高値Bからの下落幅があまりにも大きい場合は、「Nが来

小さなNの見つけ方

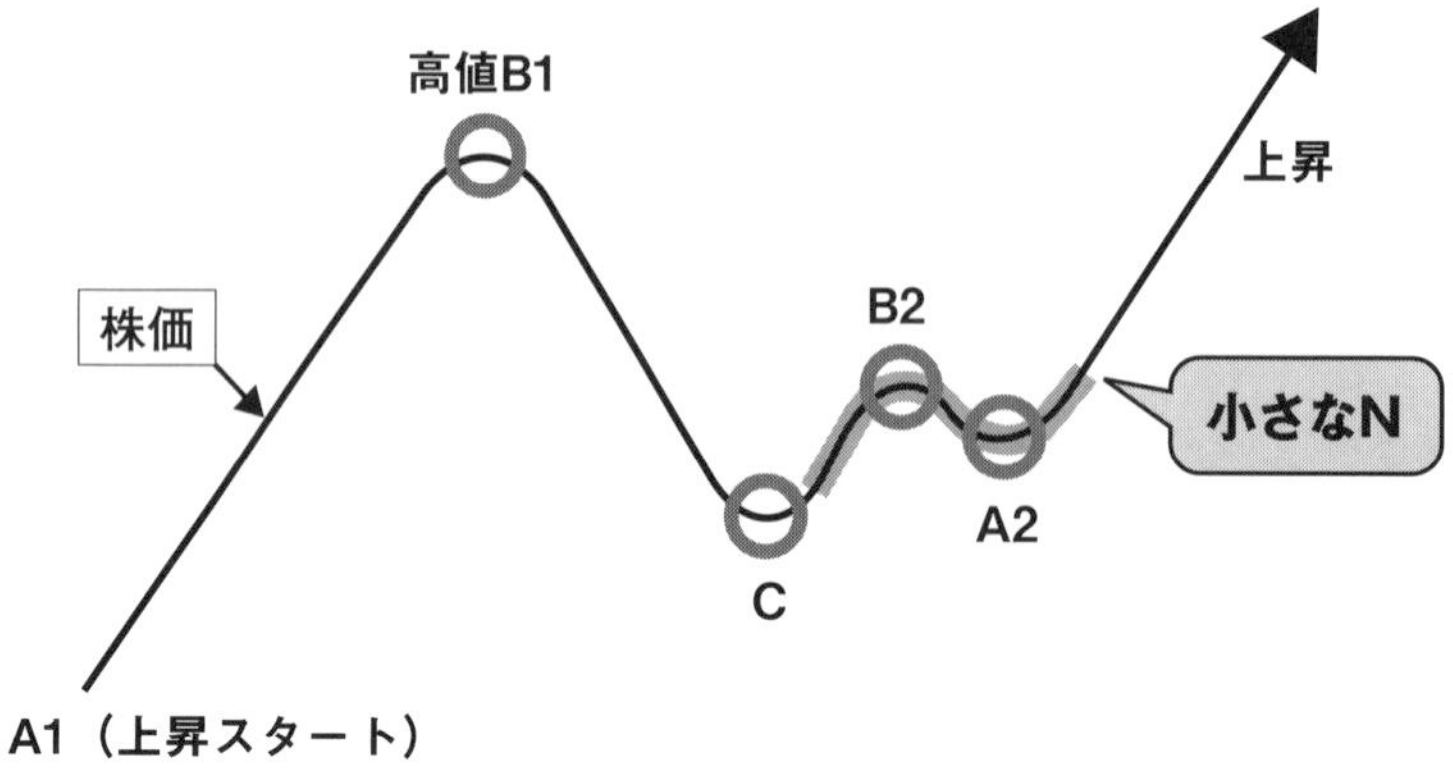

た！」と考えてすぐに手を出すことは控えたほうがよいでしょう。

なぜなら、下落幅があまりにも大きいと、そもそも反転上昇するときに膨大な買いのエネルギーを消費しており、高値Bのときと同程度の出来高がないと、Bが本当の支持線になれるかどうかわからないからです。

つまり、出来高をともなって上げた株価が再度上昇するときには、前回の上昇時に売れなかった株数を吸収して、なお余りある買いのエネルギーが必要になります。そのため、出来高が、前回の上昇時と比べてかなり少ない場合は、高値Bを抜いた上昇の勢いが継続するかどうか怪しくなるのです。

また、下落幅があまりにも大きい場合

は、「N」のケースに当てはまらず、前の高値をつけたときとは別の新しい相場に変わった可能性もあります。

最後に、「N」で手早く成果を出す少し高度な手法を紹介します。

チャートは一本調子で「N」を形成するとは限りません。これは、株価が大きく「N」を形成する過程で、チャートが見せる小さな変化を捉えて買いを入れる手法です。56ページの図を見てください。まず株価はA1で上昇を開始し、高値B1で下落に転じてCまで下げます。

その後戻り始めますが、B2まで株価が戻った後、再度反落して安値A2（Cよりは高い）をつけるケースがよくあります。

これは、「大きなN」の中に、C、B2、A2を基準点として見た「小さなN」があると理解してください。「小さなN」を形成した直後のB2の株価を上抜いた時点で買えば、買い出動が早くなって、より大きな値幅が取れるというメリットがあるのです。

「N」は最もわかりやすく頻繁に登場する株価上昇チャートの基本形。

株鬼の
必勝チャート
パターン②

2-3 2回底入れした後に反転、強い上昇トレンドに転換の「W」

目をつぶってでも買いにいってしまう理想の形

「W」は確実に利益が出せる理想的なチャートパターンで、一般にW(ダブル)ボトムとも言われています。

左ページの図のように、下落を続けた株価が安値Aをつけた後反転上昇し、高値Bをつけた後、まるで上昇をためらうかのように反落、安値Cで再度上昇し、高値Bを抜いて「W」を形成し、さらに上昇していく形です。

信用売りや、中長期で保有し続けていた株主の売りは、株価が上昇してくると現われて株価下落の圧力となります。ところが、安値Aと安値Cの地点で、そうした下落圧力を2回も押しのけて反転上昇しているのですから、相場で非常に大きな買いのエネルギーが充填されていると考えるべきです。

あなたが「W」に気づくタイミングは、安値Cで反転上昇を開始したときがベストで

Wのチャートパターン

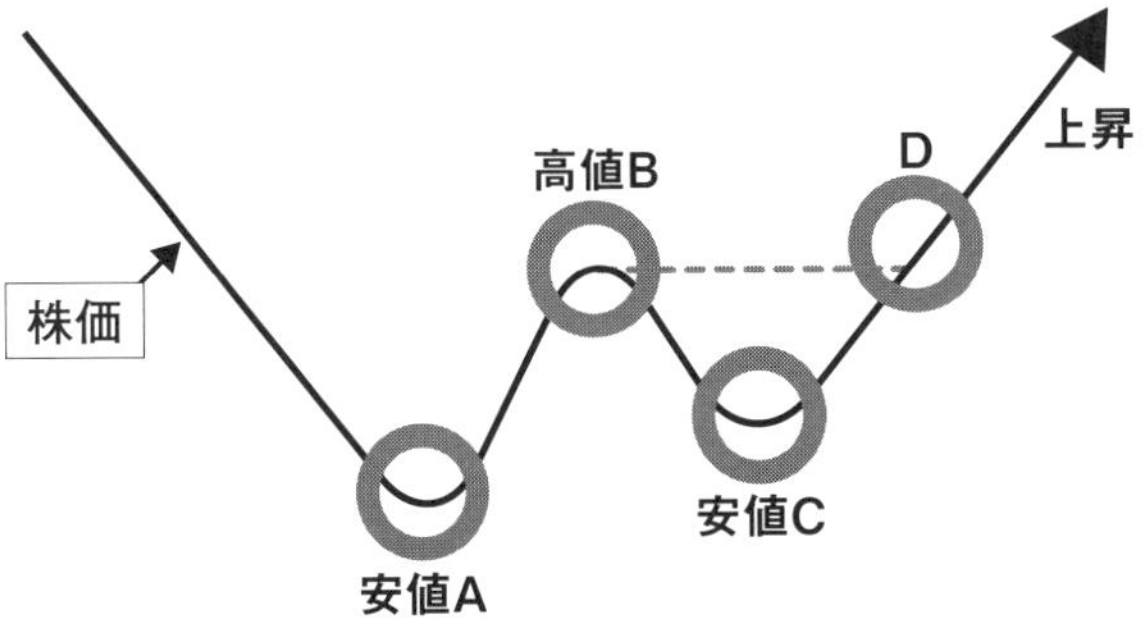

**株価が安値Aから反転上昇し、
高値Bをつけた後反落、
安値Cで再び反転上昇し、高値Bを抜いたDの時点で買い！**

すね。高値Bを抜いて「W」を形成するかどうかウォッチし、高値Bを抜いた株価Dが買いのタイミングです。

ただし、**安値Aよりも安値Cのほうが高いことが絶対条件**です。そうでない「W」は信頼できません。

私は、「W」が安値圏で現われた銘柄は、目をつぶってでも買いにいってしまいます。

ただし、確実に利益を出せる理想的なチャートなので、そう簡単には登場しません。理想と現実のギャップと言いたいですね。

＋「W」を形成した相場を見てみる

それでは、実際の相場で「W」を作った例を見てみましょう（60ページの図）。

清水建設（1803）のチャート（週足）

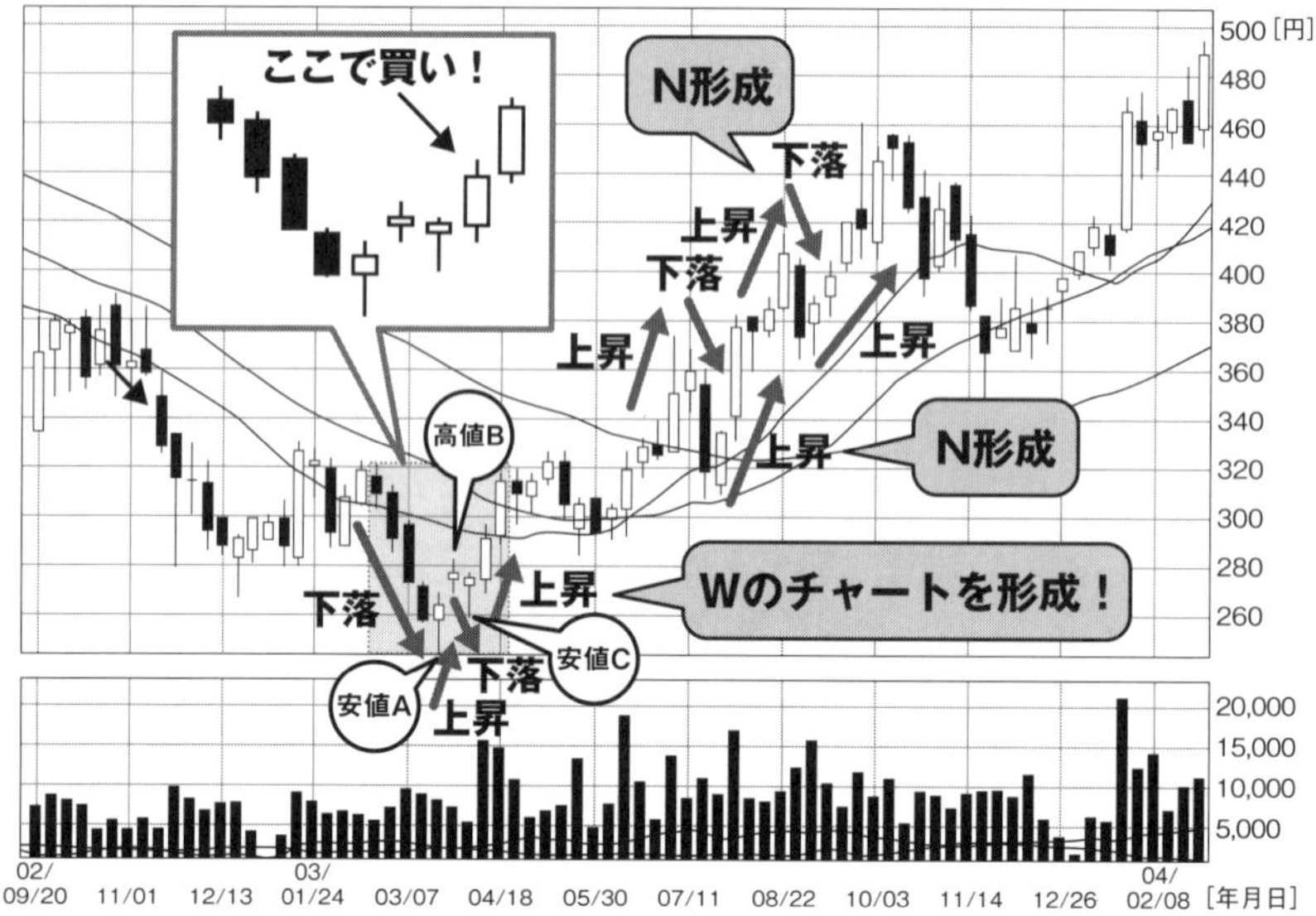

清水建設（1803）

２００３年3月に向けて売られた株価が、安値Aで反転上昇を開始し、すぐに高値Bをつけます。その後再度売られて下落するものの、安値Cをつけた後、またすぐに反転上昇を開始、高値Bを抜いて「W」を形成しています。

「W」形成後、株価は大きく上昇していきますが、何度か「N」を形成していることがわかります。

「W」の形は、株価が長く売られ続けてきた銘柄に出やすいもので、最後の売りのエネルギーが出尽くして相場の反転につながるような時期によく登場します。

だからこそ、「W」が出た後は、大きく上昇する銘柄が数多くあり、この指標は「N」以上に「お宝の形」と言えます。

最後に、チャートが「W」を形成する際の留意点を2つ挙げます。

まず、株価が長期にわたって下落を続けているときには、必ず長期移動平均線が、短期移動平均線よりも高い位置にあります。この状況を1年~1年半続けた後で「W」が出現すると、株価が大きく上昇する可能性が高いです。

また、「W」の高値Bが、直近の戻り高値※を超えていないことを確かめてください。直近の戻り高値を超えた場合は、超える過程で上昇エネルギーを相当量消費してしまい、相場上昇が続かない可能性が高いです。

「W」を形成した後、株価は大きく上昇する可能性大。

戻り高値
下落から反発してつけた最高値。

2-4 高値水準での停滞を抜けて大きく上昇する「T」

株鬼の
必勝チャート
パターン③

高値に収れんしていく三角保ち合いに注目

「T」とは、「三角《さんかく》保《も》ち合《あ》い」の状態を抜けて、株価が上昇するチャートパターンで、一般に上昇ウェッジ型とも呼ばれています。

三角保ち合いとは、左ページの図のように大きな波を描いていた株価の安値と高値が徐々に近づいていくケースで、

①高値はほぼ一定、安値が徐々に高値に収れんしていく。
②安値はほぼ一定、高値が徐々に安値に収れんしていく。

の2タイプがあります。

「T」ができるのは、図の❶の安値が徐々に高値に収れんしていくケースです。

横に這うような株価の線と、三角保ち合いを抜けた後の株価上昇の縦の線をつなげると、Tの形に見えます。

三角保ち合いのチャートパターン

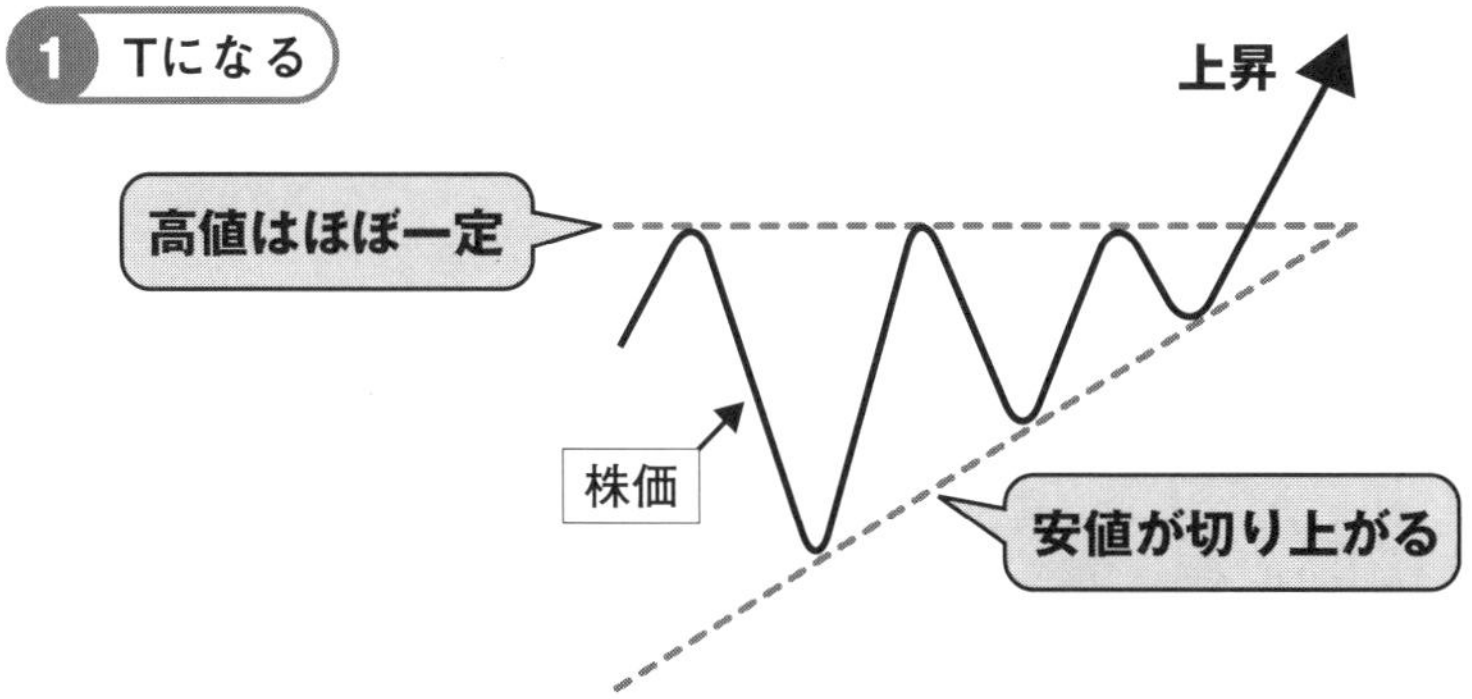

①高値はほぼ一定。
安値が徐々に高値に収れんしていく。
➜高値を抜けて「T」のチャートを形成したら買い！

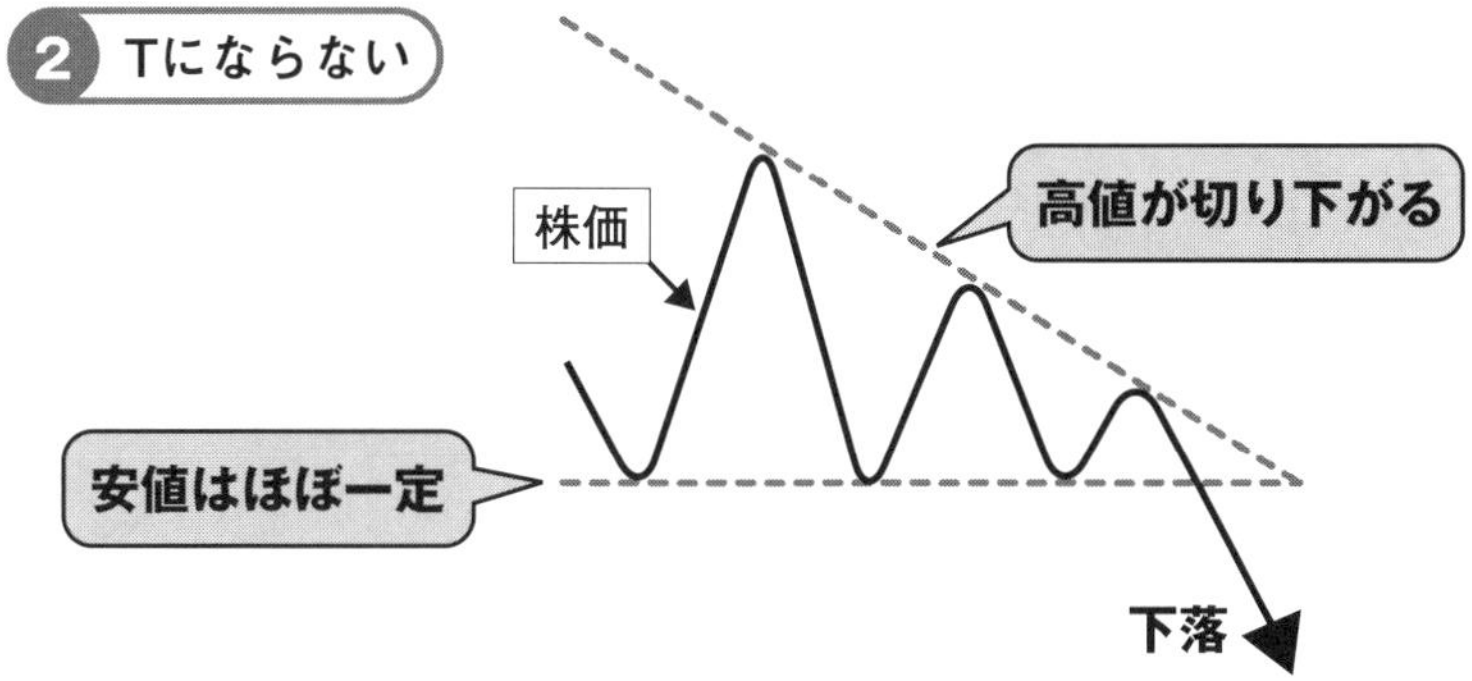

②安値はほぼ一定。
高値が徐々に安値に収れんしていく。

＋ 三角保ち合いを抜けたら上昇スピードは一気に加速

三角保ち合いによって、高値水準で上昇がいったん停滞している状況は、市場参加者の売りと買いの意見が拮抗している証拠です。言い換えれば、市場が株価の評価に逡巡している証拠です。

買い方※は、上値※を買いに行きたいのですが、利益確定の売りと、「売りの目標株価がこの辺だろう」と判断している信用売りが、株価の上昇を妨げています。

このとき、売りが買いよりも優勢であれば、このまま株価は下落に転じてしまうのですが、買いも拮抗している場合は、株価は一定の範囲で動きを止めます。

しかし、株価はいつまでもその場にとどまりません。売り方※も買い方も、株価がどちらかに動くことを望んでいるからです。

買い方が優勢になったとき、株価はそこから一気に上昇を始めます。形勢が逆転した状況を判断して、売り方が買い戻しに入る※からです。買いが一気に増えるので、株価の上昇スピードはさらに加速して大きく上昇します。

あなたが「T」に気づくタイミングは、チャートが❶の三角保ち合いにある状況のときがベストですね。株価が高値を抜いて「T」を形成するかどうかウォッチし、高値を抜いた瞬間が買いのタイミングです。

買い方
株を買おうとしている人のこと。

上値
現在の株価よりさらに高い値段のこと。たとえば現在の株価が500円だとしたら、501円は上値。

売り方
株を売ろうとしている人のこと。

売り方が買い戻しに入る
株価下落を狙って信用売り（→P52）をしていた人が、株価上昇で目論見が外れたので、損失を最小限にするために株の買い戻しを行うこと。

三菱UFJフィナンシャル・グループ(8306) のチャート(週足)

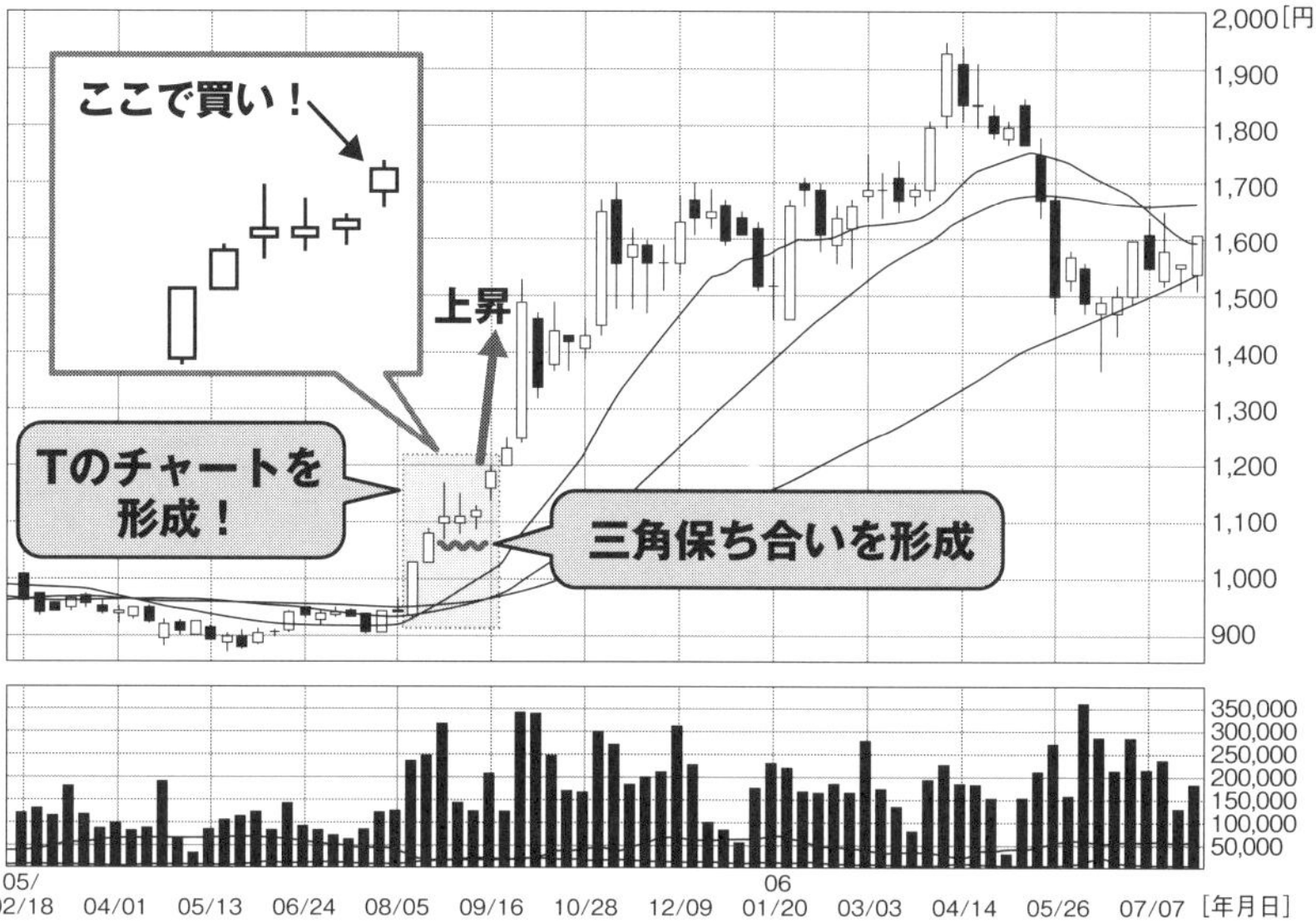

「T」を形成した相場を見てみる

それでは、実際の相場で「T」を作った例を見てみましょう。

三菱UFJフィナンシャル・グループ(8306)

2005年8月から上昇に転じた株価は、8月末に停滞を始め、三角保ち合いの状態になります(上の図)。

三角保ち合い状態を3週間続けた後、株価が上へ抜け、大きく上昇しています。

チャートを見ると、典型的な「T」を形成していることがわかりますね。

三菱自動車工業（7211）のチャート（週足）

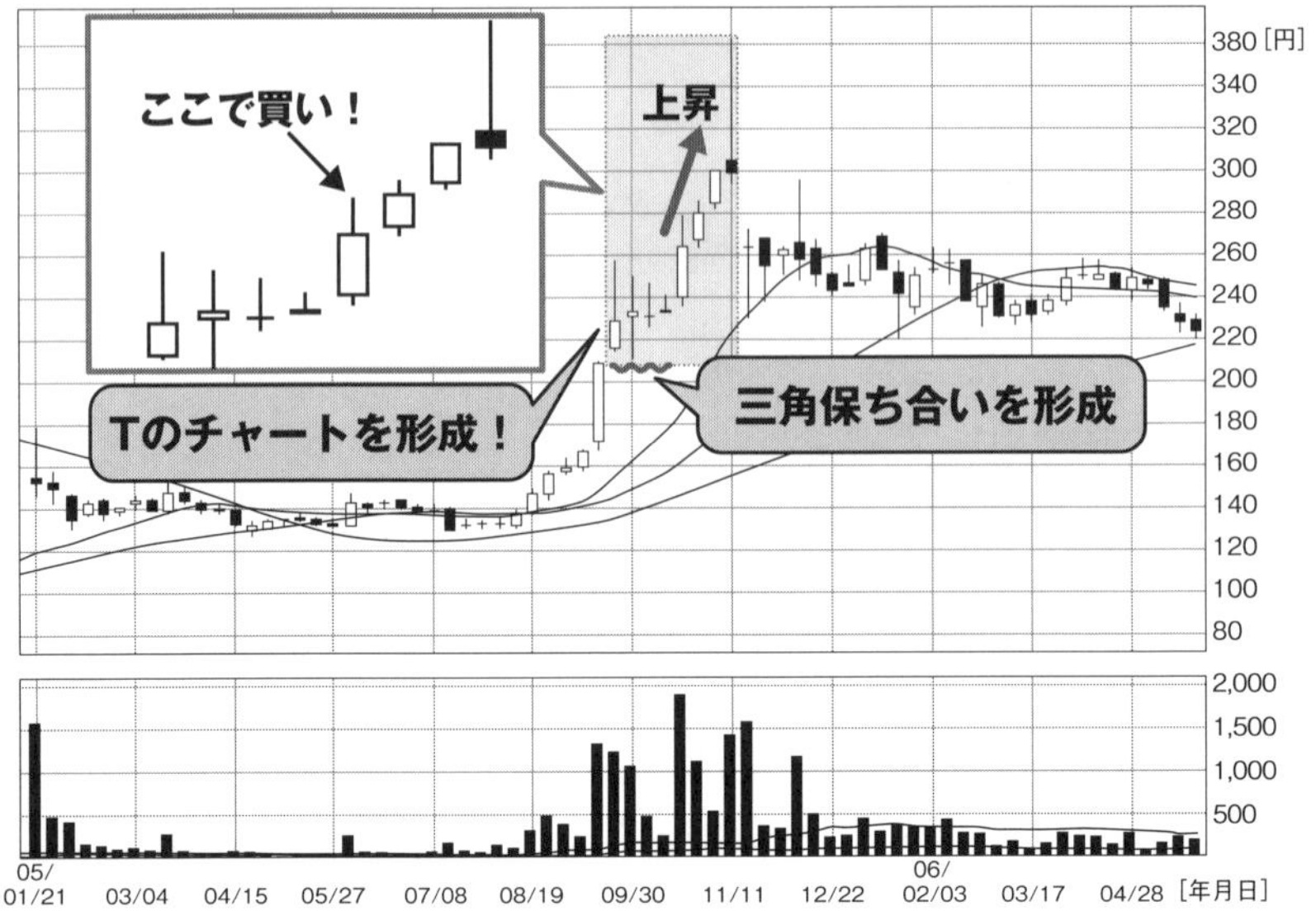

三菱自動車工業（7211）

２００５年８月頃から上昇を始めた株価が、９月の中間決算時期をはさんで停滞し、三角保ち合いの状態に突入します（上の図）。

そして４週間の三角保ち合いの後、10月に再度上昇を始めています。その後の上昇期間はそれほど長く続きませんでしたが、チャートではきれいな「T」を形成しています。

チャートが「T」を形成するのは、徐々に上値の売り物が消化されてきて、いままでよりも買い需要が増えているときです。三角保ち合いだった株価は、別のステージを模索し始める準備が整っています。
そんなとき株価が上値を抜けると、いよいよ相場が上昇を開始する時期だと考えましょう。

高値一定、安値が高値に収れんしていく三角保ち合いは、急上昇する可能性大。

2-5

底這いを続けた株価が上昇トレンドに転換の「S」

株鬼の必勝チャートパターン④

下落局面からソーサーになった場合は超有望

「S」は、前ページで登場した「T」と考え方が似ているチャートパターンです。「S」とは、カップの下に置かれる受け皿のソーサー（saucer）の頭文字「S」を取っています。チャートがソーサーのような形を取り、一般にはソーサーボトム、なべ底とも呼ばれています。

左ページの図のように、株価が一定の範囲で動きを長く停滞させている状況で、スープ皿のような緩やかなカーブを作ります。これは株価が上昇してきた場合にも起きますし、下落を続けた後にも起きます。

銘柄の株価の評価がしだいに固まると、値動きの幅が少ない状態が続きます。62ページで述べた三角保ち合いよりも、もう少し株価の変動が静かになっている状態と考えてください。

Sのチャートパターン

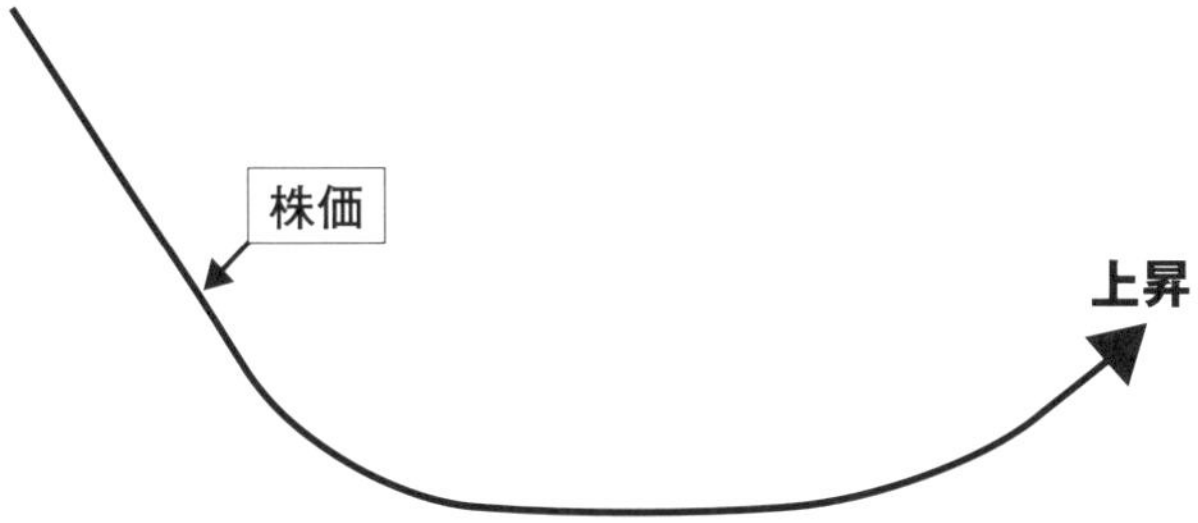

**株価が下落局面を続けた後、
それ以上、下がらずに安値圏で安定、
その後上昇を始めたら買い！**

その後、皿が底の部分から縁の部分へ向かって盛り上がるように、株価が上昇を始めると、「S」になります。

「T」のページで書いたように、株価の値動きの幅が少ないということは、市場が株価の評価に逡巡している証拠です。もっと高い株価が適正なのか、あるいはもっと安い株価が適正なのか悩んでいるわけです。

とりわけ、**下落局面を続けてきたにもかかわらず、それ以上株価が下がっていかないというときには着目すべき**です。

なぜなら、売りがほぼ出尽くして、買いと拮抗しているということだからです。売りと買いのバランスで言えば、買いのエネルギーが徐々に蓄積されている状態と判断できます。

この場合、いったん株価が上昇を始めると、エネルギーが時間をかけて蓄えられているため、その後、長く上昇局面が続くことが多く、とても信頼のおける買いのシグナルです。

あなたが「S」に気づくタイミングは、チャート上で株価が停滞しているときがベストですね。株価が上昇を開始するかどうかウォッチし、上昇トレンドに入ったときが買いのタイミングです。

「S」を形成した相場を見てみる

それでは、実際の相場で「S」を作った例を見てみましょう（左ページの図）。

三菱UFJフィナンシャル・グループ（8306）

65ページで「T」の例として挙げたのと同じ銘柄ですね。実はこの銘柄は、紹介した「T」を形作る以前に、「S」を形成しているのです。2005年4月中旬から6月にかけての動きがそうです。

スープ皿のような緩やかなカーブを作り、皿の一方の縁に向かうように上昇を始め、「S」を形成しています。

チャートの形は、1つだけで完結しないことも多くあります、たとえばこのケースは、長く「S」を形成した後に上昇を開始して、上昇過程で「T」を形成したと考えるとい

三菱UFJフィナンシャル・グループ(8306) のチャート(週足)

富士通 (6702) のチャート (週足)

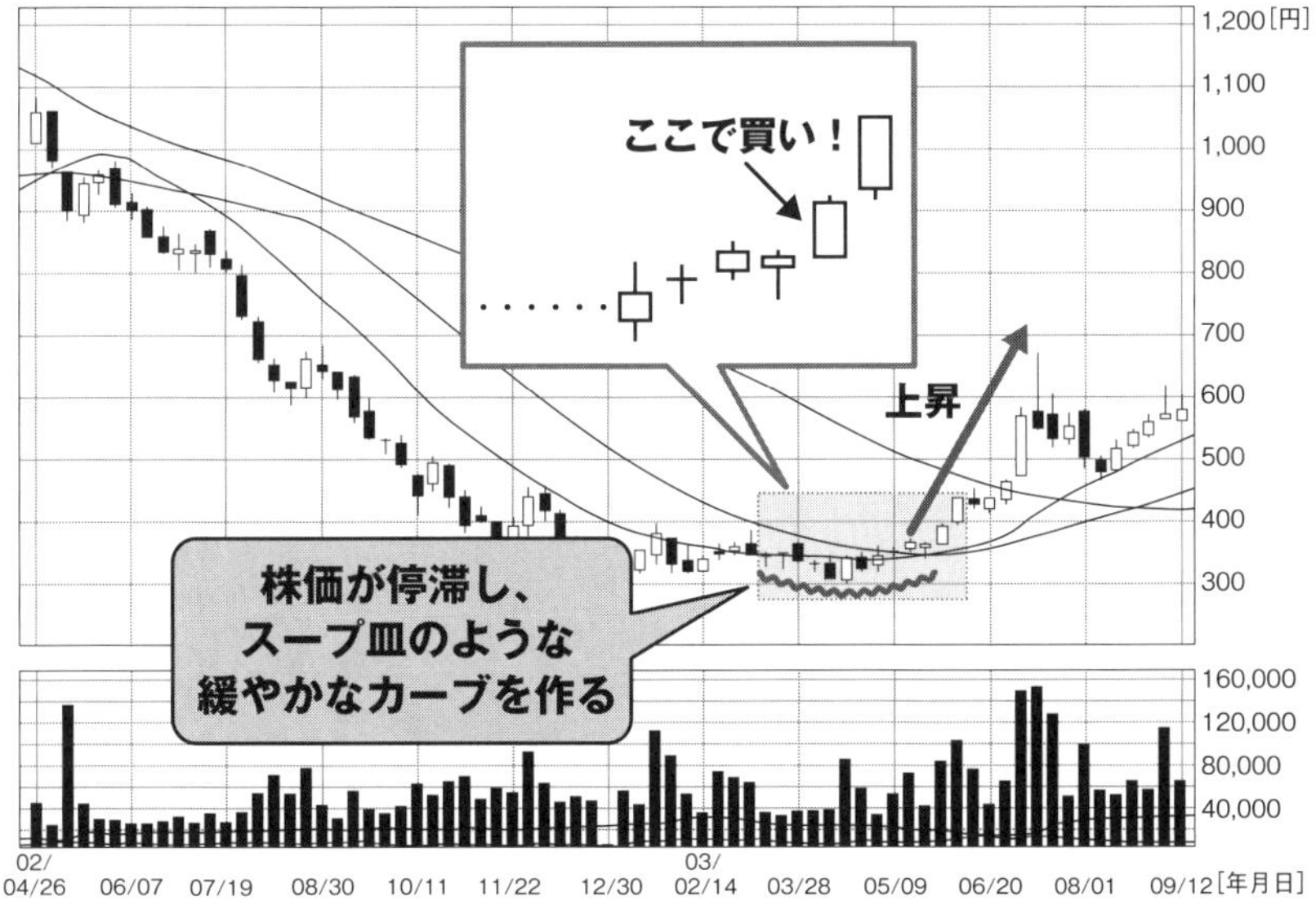

いと思います。

富士通（6702）

2002年3月に高値をつけて以来、下落を続けていた株価は、2003年に入るとようやく底値※で安定し始めます。

そして2003年3～5月にかけてスープ皿を形成した後、やはり皿の縁が盛り上がるように株価が上昇を始めています。これも、典型的な「S」ですね。

「S」と「T」は、両方とも株価が安定期に入った後、株価を動かす「買い需要」が多くなることで株価が上昇する形です。

違いは、「S」は株価が安値圏で安定している状況で起こる形、「T」は株価の上昇過程で三角保ち合いを形成した後に起こる形と考えてください。

「S」は蓄積された買いエネルギー量が大きく、とても信頼のおける形。

底値
相場が一番低いときの株価。

2-6

株鬼の必勝チャートパターン⑤

13週・26週移動平均線を抜いて上昇する「二本抜け」

週足で見た移動平均線に注目

「二本抜け」とは、チャートを週足で見て、13週（約3カ月間）と26週（約半年間）の2本の移動平均線を下回っていた株価が、その2本を上抜けた後、大きく上昇するチャートパターンです。

移動平均線とは、その期間の平均株価の推移を表したもので、「13週移動平均線」は13週、「26週移動平均線」は26週の平均株価をつなぎ合わせて線にしたものです。

一般に、株価が移動平均線を1本でも上抜けたら買いと言われますが、私は経験則から、週足で見て、株価が13週と26週の2本の移動平均線ともに上抜けたときが、買いのタイミングだと考えます。

株価が安定的になってくると、移動平均線と同じ位置に近づいてくるという法則があります。そこで、移動平均線を見れば、株価が今後上昇しようとしているのか、それとも下落しようとしているのか、という傾向が明確にわかるわけです。

株価が移動平均線を2本とも下回っていたらウォッチ

左ページの図のように、いまの株価が移動平均線を下回っているときは、これから、過去に平均株価で信用売りを実行している人の買い戻しが発生して、いずれ株価が上昇します。

逆に、いまの株価が移動平均線を上回っているときは、

①株価上昇に合わせて移動平均線が上昇してくる。

②過去に平均株価で株を購入している投資家の利益確定売りで、株価が移動平均線に近づく（株価下落）。

のどちらかになるはずです。

以上の仕組みから、まず前提として、株価が移動平均線を下回っているケースでなければいけません。そして、長期移動平均線が上、短期移動平均線が下であることが条件です。

そして、株価が上昇して、13週と26週の2本を抜いた「二本抜け」になれば、明らかにトレンドの変化を示し、株価上昇のシグナルと捉えられます。

「二本抜け」に気づくタイミングは、下落傾向にある株価が2本の移動平均線を下回っ

移動平均線と株価の関係

株価が移動平均線を下回っている

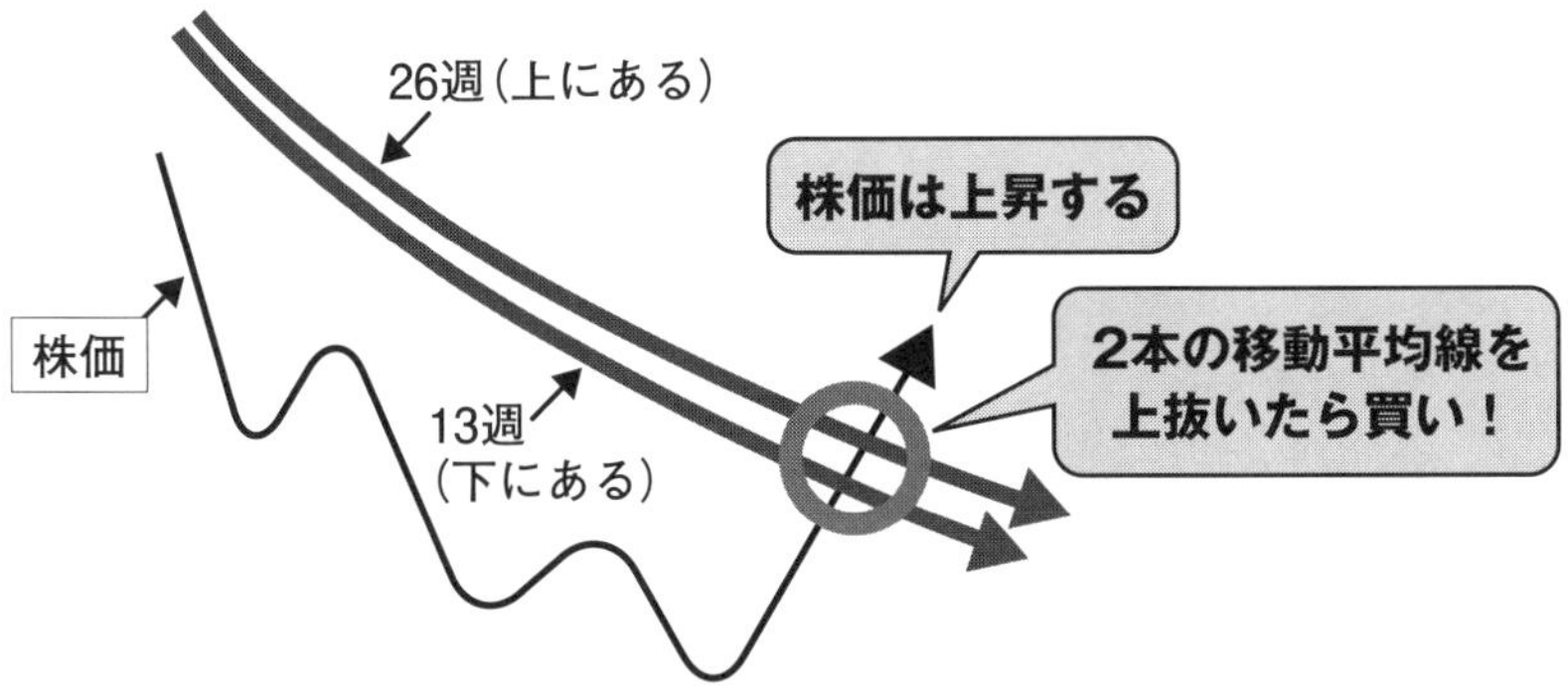

株価が移動平均線を上回っている

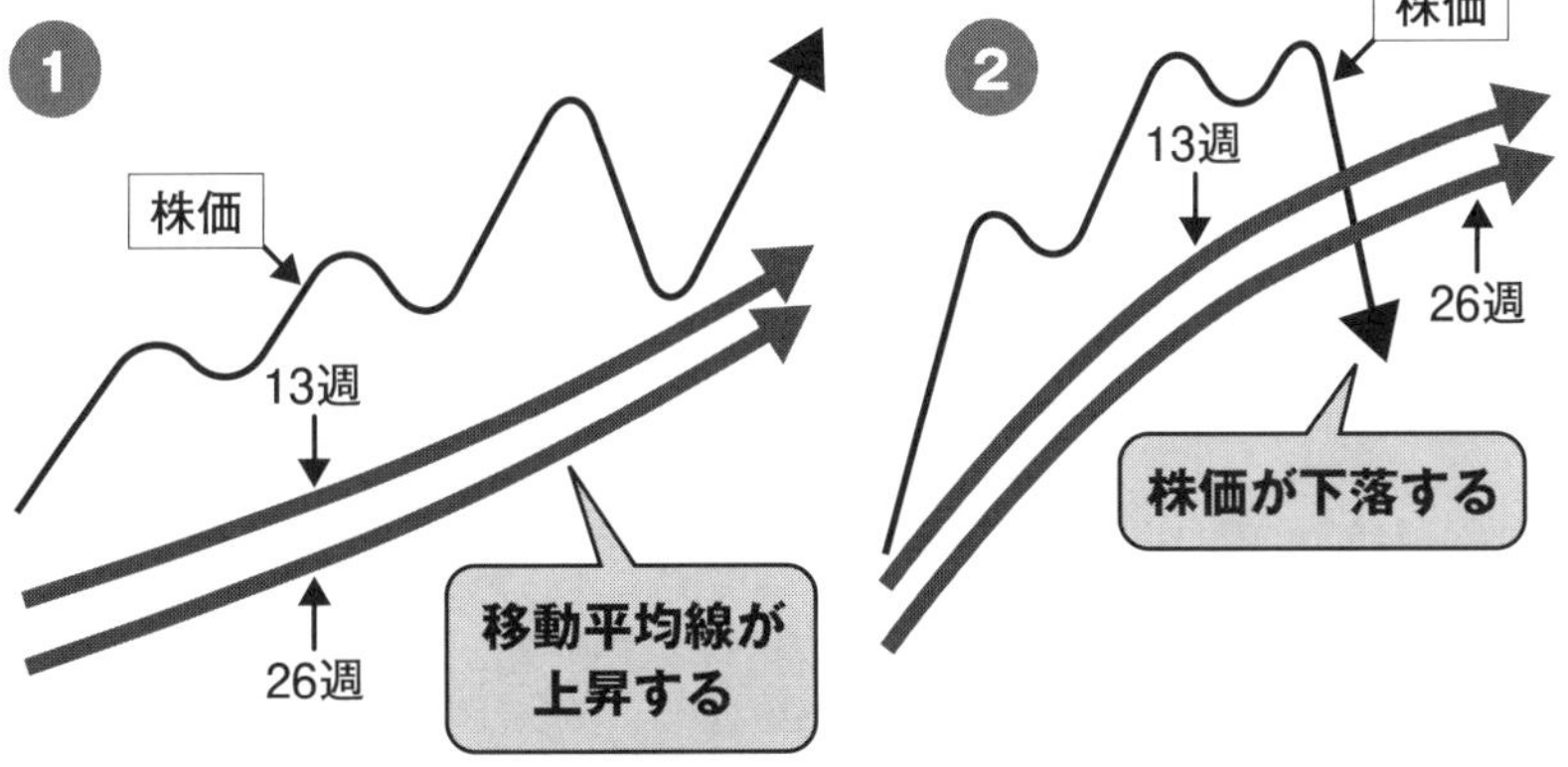

りそなホールディングス（8308）のチャート（週足）

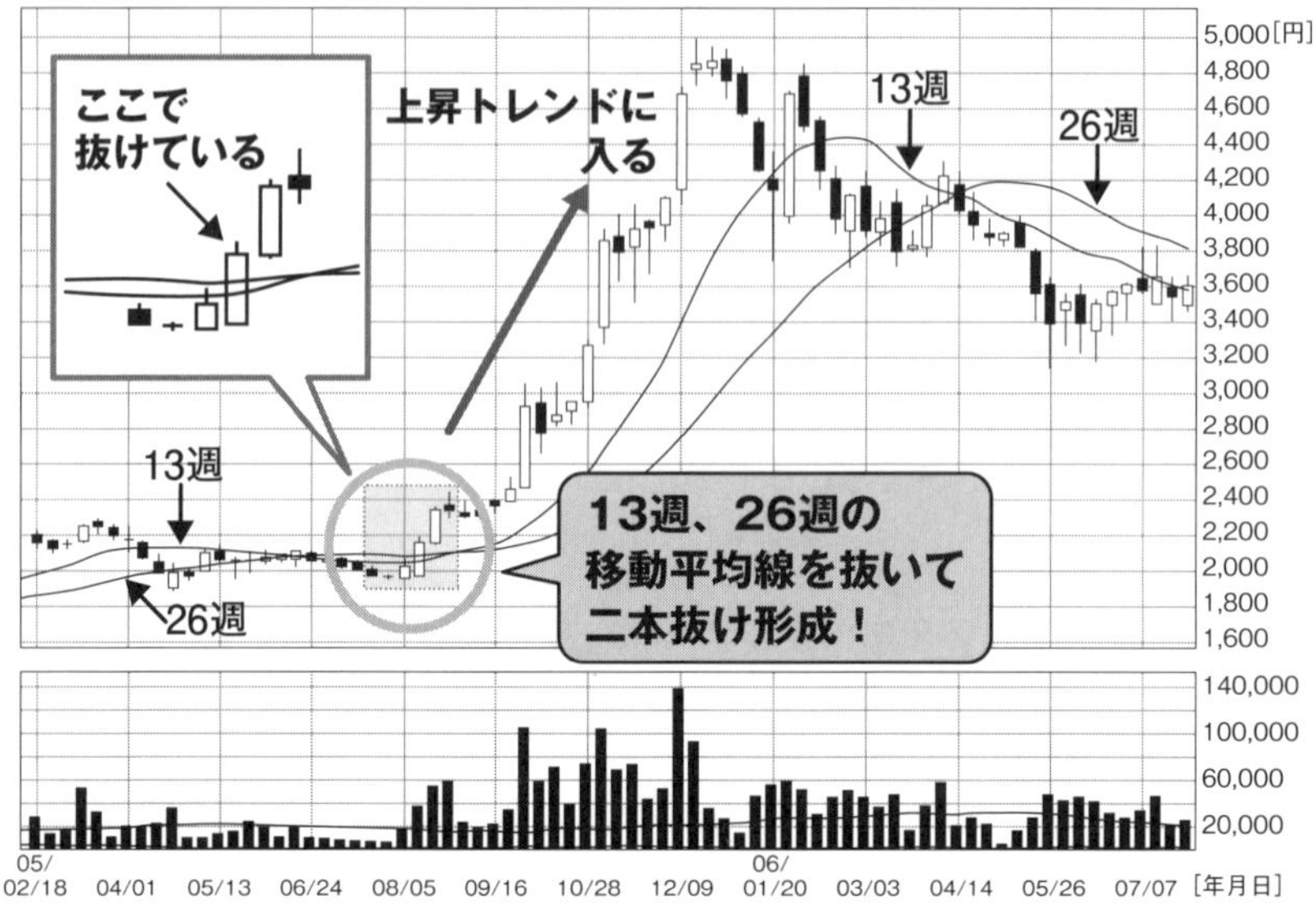

田淵電機（6624）のチャート（週足）

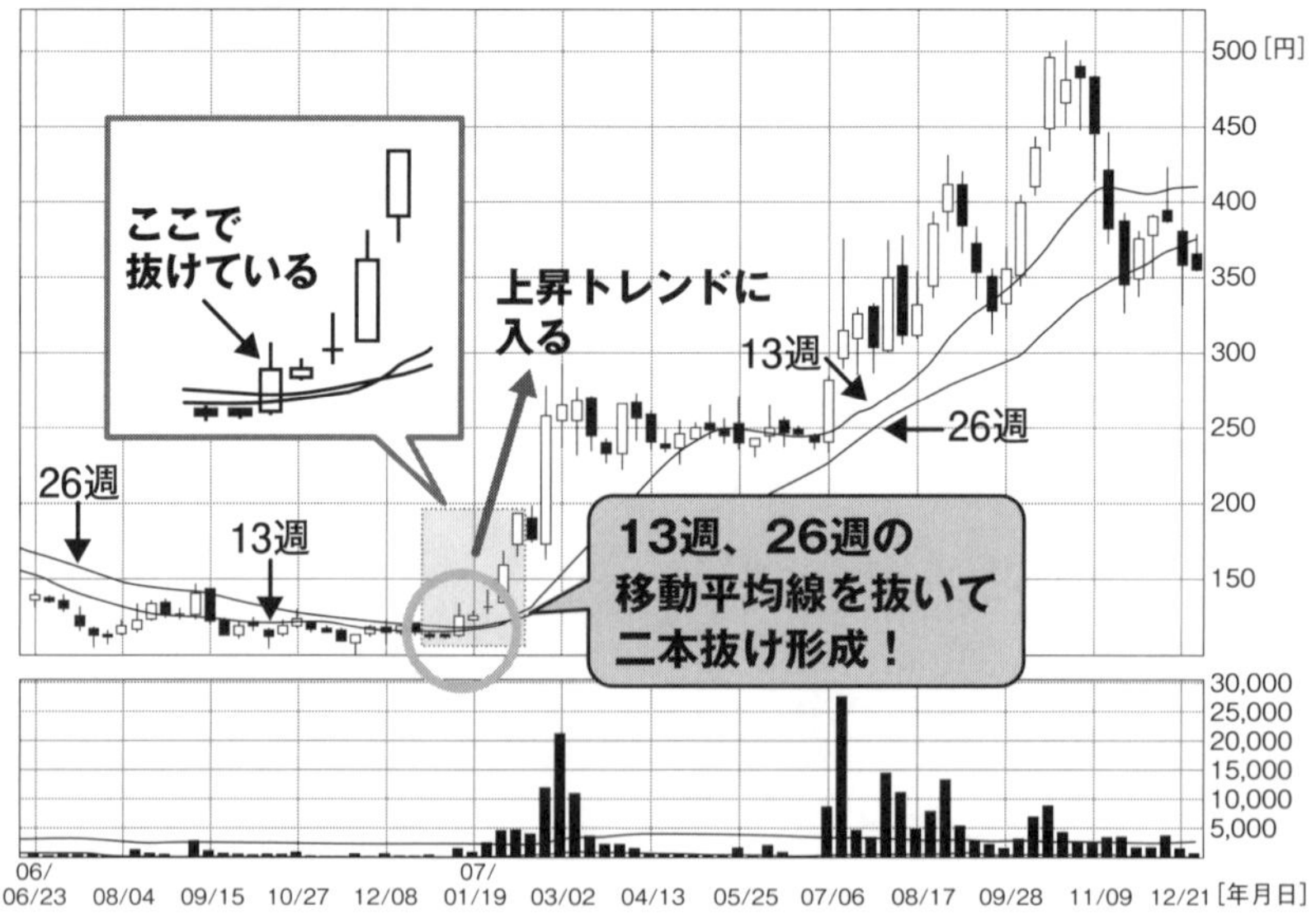

ているときがベストです。株価が移動平均線を上抜くかどうかウォッチし、上抜いたときが買いのタイミングです。

「二本抜け」を形成した相場を見てみる

それでは、実際の相場で「二本抜け」を作った例を見てみましょう（右ページの図）。

りそなホールディングス（8308）

2005年8月に、13週移動平均線と26週移動平均線を抜いて「二本抜け」を形成し、株価は上昇トレンドに入っています。

田淵電機（6624）

2007年1月に同じく「二本抜け」を形成し、その後上昇トレンドに入っています。

株価が13週移動平均線、26週移動平均線の2本を上抜けたら上昇シグナル。

2-7 3つ目の上昇の山を抜けると買い場到来の「三山抜け」

株鬼の必勝チャートパターン⑥

3つ目の山を抜けたら好機

「三山抜け《さんやまぬ》」とは、左ページの図のように、株価が上昇の山を3回作った後、大きく上昇するチャートパターンで、一般に言われている逆三尊型の類似形です。

株価が上昇を続けた後、わずかに下げて、高値抵抗線※を頂上にして、ちょうど山のようなチャートを形成することがあります。

株価を上昇させるエネルギーが小さいと、そんな山を1つ、2つ形成したところで沈静化※するか、保ち合い※になります。

しかし、上昇エネルギーが強いときは、3つ目の山を抜けて株価が大きく上昇します。何度も上昇しようとしたエネルギーが、売りのエネルギーに押されて抑えられてきた状態が3度も繰り返されて高値を抜いたということは、強さの現われと考えます。

「三山抜け」に気づくタイミングは、株価が3つ目の山を作ろうとしているときがベス

高値抵抗線
これ以上株価が上昇しない高値水準のこと。

沈静化
出来高が少なくなって値動きが少なくなること。

保ち合い
株価がわずかな上下動をしながら横ばい状態を続けること。

三山抜けのチャートパターン

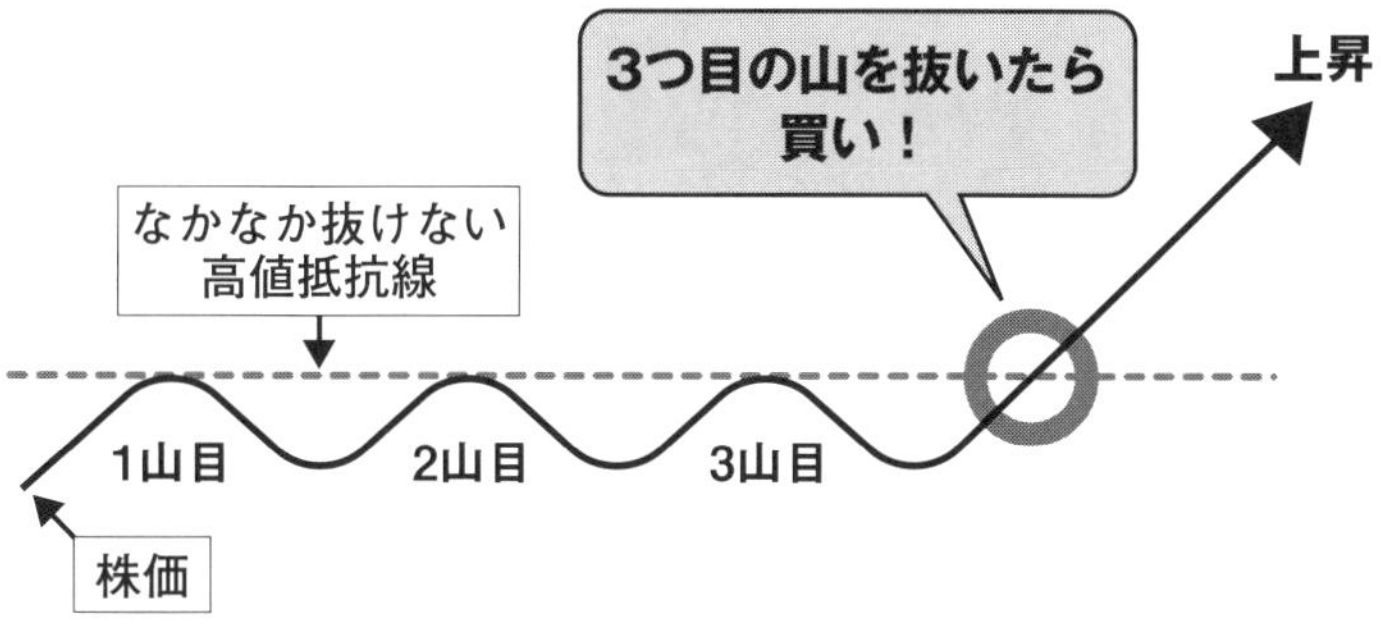

四山抜けのチャートパターン

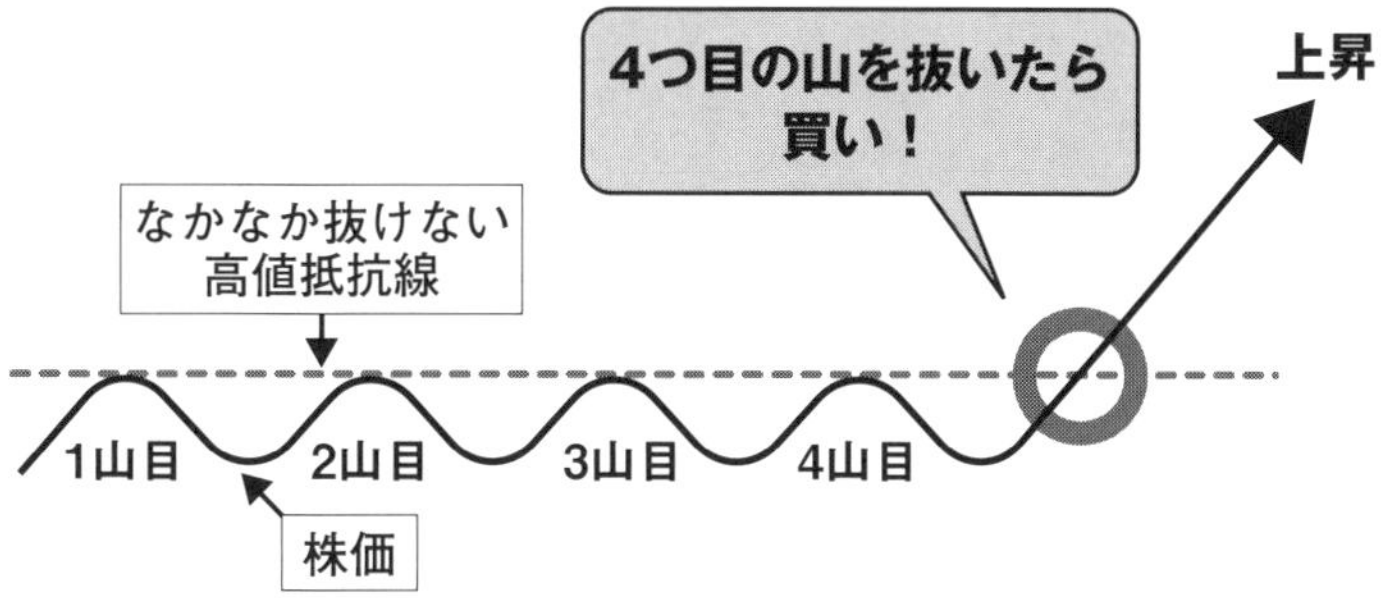

トヨタ自動車（7203）のチャート（週足）

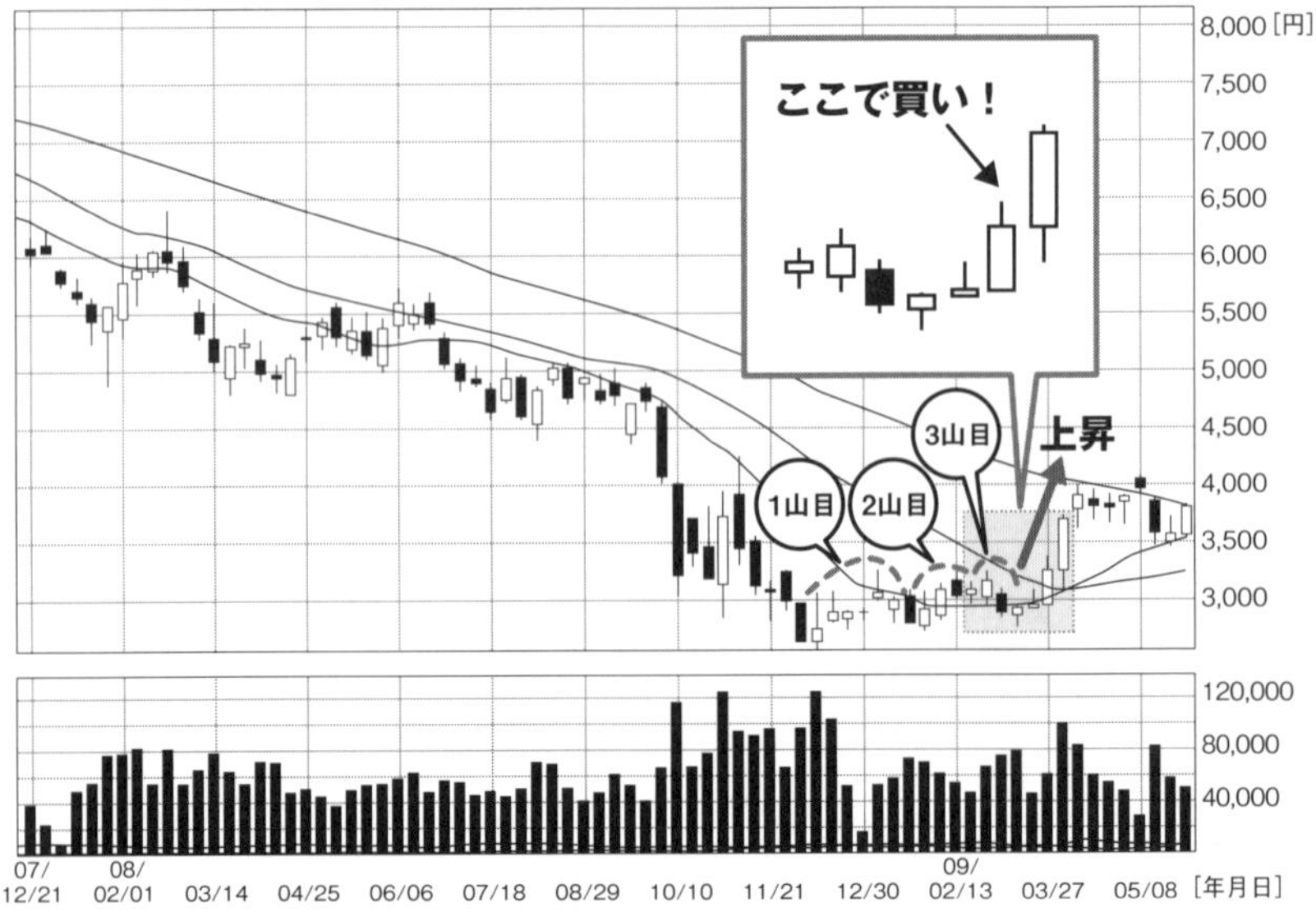

トです。株価が高値抵抗線を抜くかどうかウォッチし、抜いたときが買いです。

　ところで、売りの圧力が強いときは、３つ目の山を作った後でも、株価が高値抵抗線を抜けて上昇していかないことがあります。そんな場合、相場が強ければ、４つ目の山を作ります。株価が４つ目の山を抜いて大きく上昇してくるのが「四山抜け」というチャートパターンです（79ページの図）。

＋「三山抜け」を形成した相場を見てみる

　それでは、実際の相場で「三山抜け」を作った例を見てみましょう（右ページの図）。

トヨタ自動車（７２０３）

２００８年12月〜２００９年１月が１山目、２００９年１月〜２月前半が２山目、そして２月後半へと３山目を形成し、その後大きく上昇しています。

・上昇の山を3度作ったら、上昇エネルギーが充満している証拠。

・高値保ち合いで「三山抜け」が出たら、超買い場。

2-8 底這いから突然高値をつけ、しばらくして急騰の「のろし」

株鬼の必勝チャートパターン⑦

いち早くよい情報を得た一部の投資家の買い

7つ目のチャートパターン「のろし」は、一般に言われているのろしと同じで、株価が突然急騰する前触れとなるチャート上の先行指標です。

もともと「のろし」という言葉は、電話などなかった大昔、敵襲などの緊急事態を伝えるために、草や薪などを燃やして煙を空高く上げる伝達手段のことです。

株価が長く安値で安定している底這い状態のとき、突然、高値をつけることがあります。しかし、突然の高値はその後継続せず、また元の底這いの株価に戻ります。株価の動きがまるで、「のろし」が上がったように見えることから名付けられています。

「のろし」が出ると、その3カ月後くらいの間に、株価が急騰することがよくあります。

株価が突然高値をつけたということは、何かよい情報がある特定の人にだけ伝わって、その人が株を大量に購入したということが想定されます。

のろしのチャートパターン

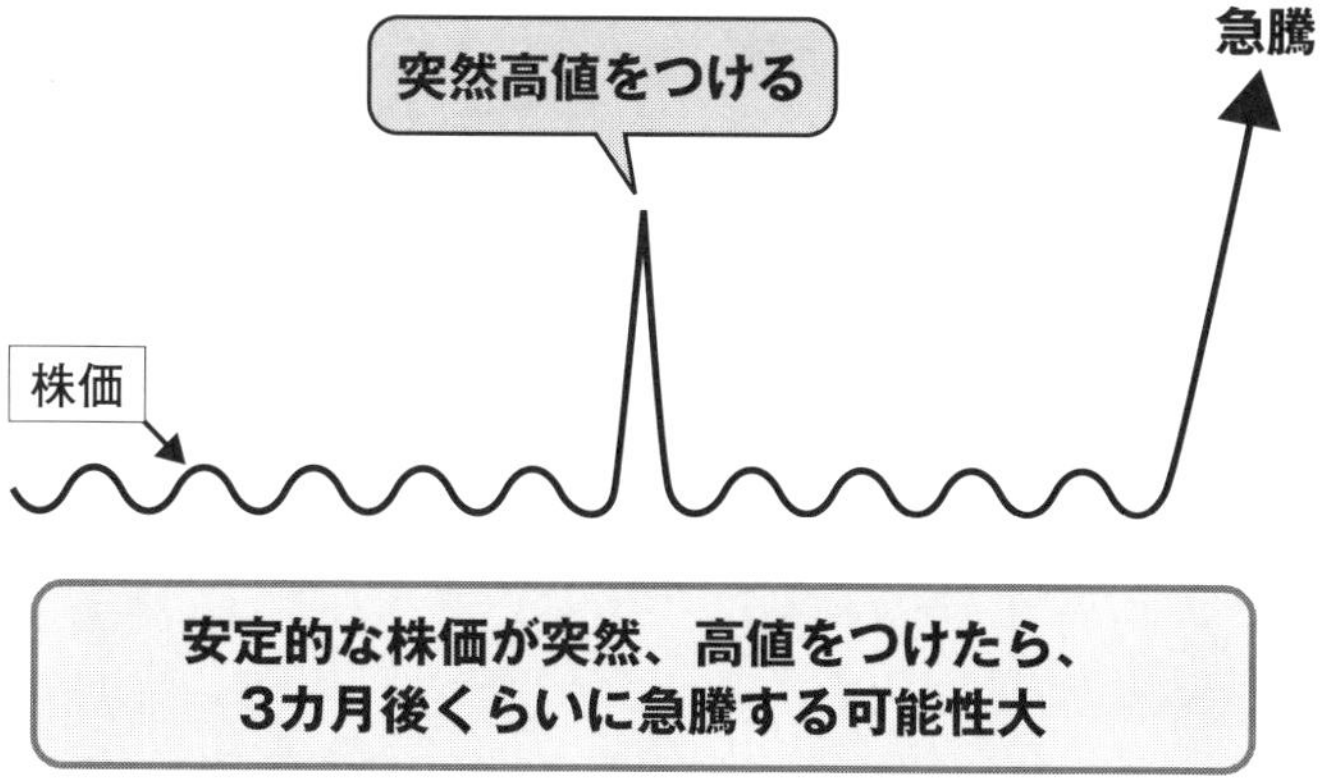
突然高値をつける
急騰
株価
安定的な株価が突然、高値をつけたら、
3カ月後くらいに急騰する可能性大

38ページで書いたように、会社の情報が伝わる速度にはバラツキがあります。これは、よい情報がいきなり広く株式市場に伝わらずに、まず一部の投資家にだけ伝わり、タイムラグを置いて広く伝わるケースです。

株価が長く安値で低迷しているときに、そんな買い方が突然現われるということは、その後、株価が上昇するに足る何かよい変化が会社に現われた兆しであると考え、その後、株価が急騰する可能性を想定します。

「のろし」に気づくタイミングは、安値底這いから突然「のろし」が出たときがベストですが、すぐには上昇トレンドに入らない指標なので、少し遅れて見つけても十分に間に合います。チャートをウ

MUTOHホールディングス（7999）のチャート（週足）

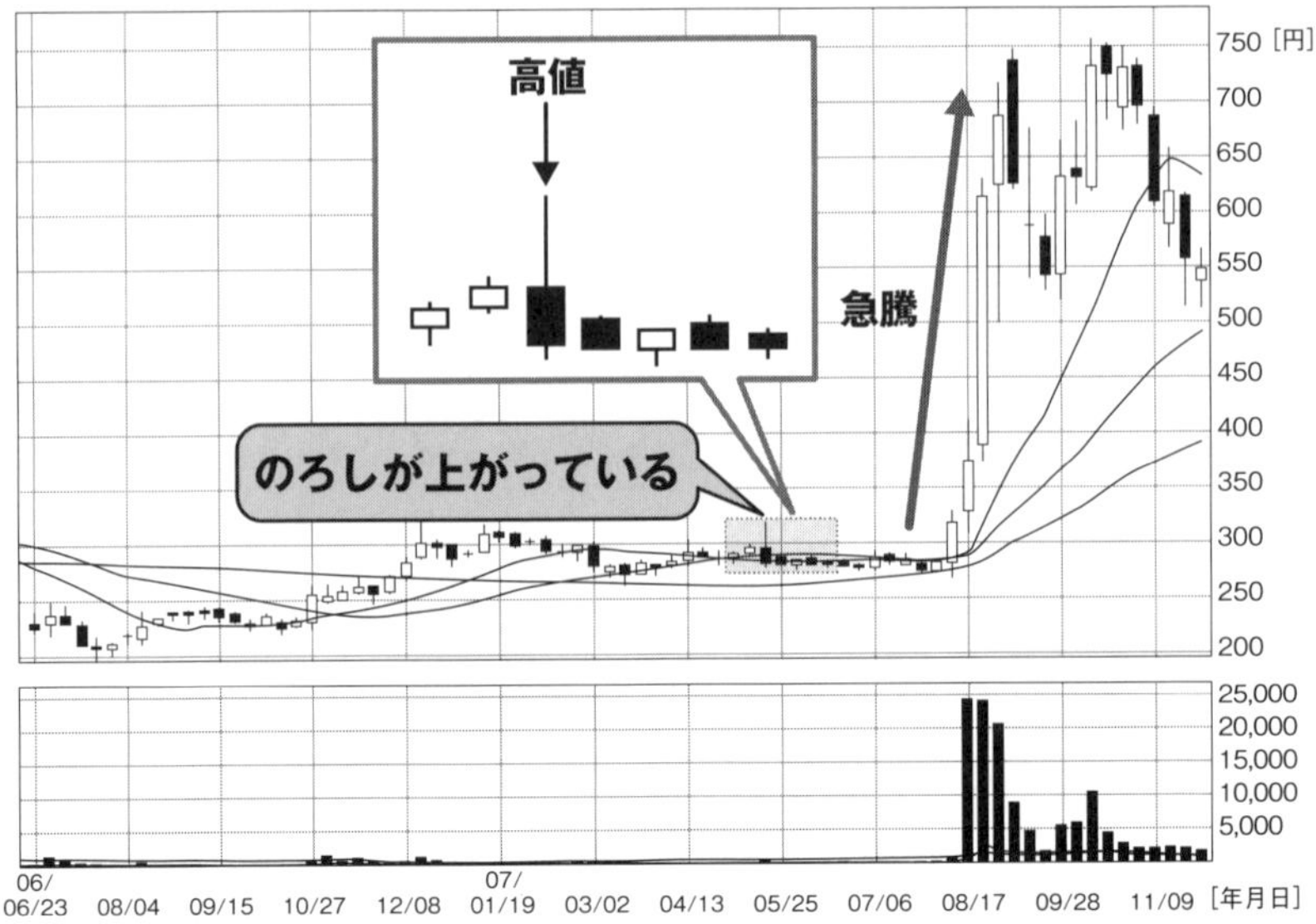

オッチしながら、株価が急騰するのを待ちましょう。

＋「のろし」を形成した相場を見てみる

それでは、実際の相場で「のろし」を作った例を見てみましょう。

MUTOHホールディングス（7999）

2007年の3～7月まで小幅な値動きで推移していた株価ですが、よく見ると、5月14日の週にその幅を突出したような株価がつけられています（上の図）。

その後、8月に入るや株価は急上昇し、「のろし」でつけられた株価の2倍以上の上昇をしています。

まさに、絵に描いたような「のろし」のパターンですね。

「のろし」が出たら、株価急騰の先行指標と考える。

2-9 月足で陽線が6本連続して出ると上昇する「六陽連」

株鬼の必勝チャートパターン⑧

陽線が連続しながら少しずつ上昇していく形がよい

「六陽連《ようれん》」とは、読んで字のごとく6本連続して陽線が出ている形のことで、その後株価が急上昇する可能性が高いです。一般に言われている六陽連と同じです。

「六陽連」は月足で動きを見ます。週足や日足では動きがあまりにも少なく、はっきりとした傾向が見えにくいので、もう少し長い期間で動きに傾向がないかを探したほうがよいからです。

陽線の値幅は小さくても、その陽線が6本も続くときは、株価上昇のエネルギーが充満していることを表します。

月足で陽線ができるということは、月間を通して買いが売りよりも勝っていて、始値よりも終値のほうが高かったということです。

また、買いが売りよりも多い状態を6カ月も続けるということは、買いの需要が非常

六陽連のチャートパターン

月足で連続して6本陽線が出たら買い！

に強く、買いのエネルギーが充満していると考えるわけです。

ただし、陽線が極端に長い場合は、何カ月も継続することはありません。株価が急上昇する長い陽線は、少しずつ溜め込んだ買いのエネルギーを一気に放出してしまうので、買いのエネルギーが残らなくなってしまうからです。

ですから、株価が陽線を作りながら少しずつ上昇していくこの形が、力強いチャートだと言えます。

「六陽連」に気づくタイミングは、月足で陽線が5本出たときがベストですね。6本目が出るかどうかウォッチしながら、株価上昇を待ちましょう。

ときには5本出た段階で上昇トレンドに入ることもありますが、その場合は、

大同特殊鋼（5471）のチャート（月足）

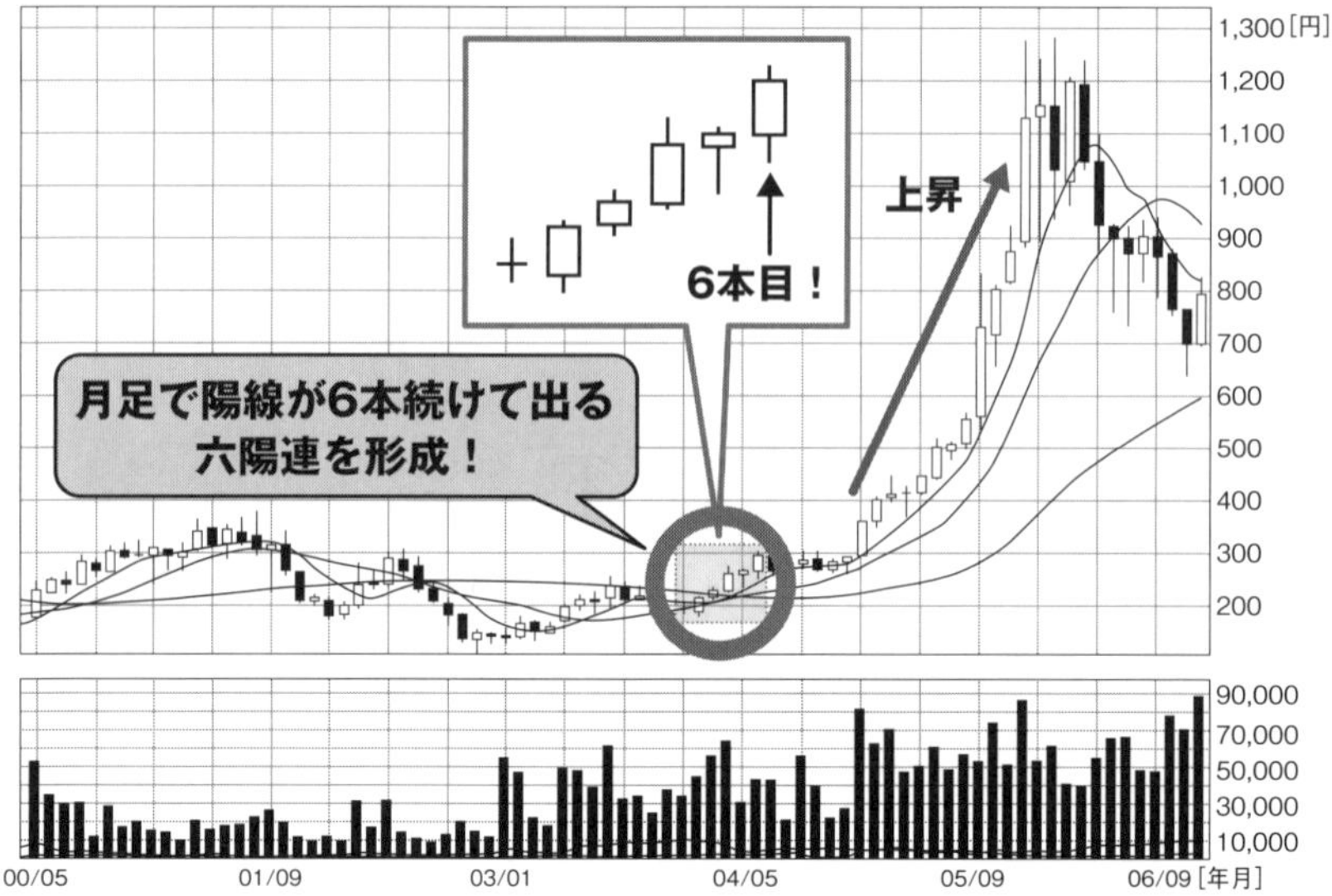

そこが買いのタイミングです。

＋「六陽連」を形成した相場を見てみる

それでは、実際の相場で「六陽連」を作った例を見てみましょう。

大同特殊鋼（5471）は2004年前半のまるまる半年間、陽線を形成しています。

チャートを見ると、陽線は6本出ています。

その後、残りの2004年後半いっぱいをかけて高値での保ち合いを形成し、翌2005年から大幅に株価が上昇しています。

週足で見ると陰線・陽線がまち

まちであっても、月足で見ると陽線が半年も連続して出ている銘柄とは、根強い人気が続いている証拠です。

その背景には、業績の好転など、その会社のこれまでの評価を変えるような大きい材料が存在している可能性が高いです。

最後に留意点を２つ挙げます。

まず、「六陽連」が最も威力を発揮するときは、株価が下落を長く続けてきた底値圏で、上昇幅は少ないですが、確実に反転上昇を継続しているときです。

また、陽線が６本（６カ月間）連続せず、６本のローソク足の真ん中に陰線が１本だけ入っていて、やはり下値は切り上がっている場合もあります。これは「五陽連」と言って、やはり強い指標だと覚えておいてください。

「六陽連」の形が月足で出ると、上昇エネルギーが充満している証拠。

3 大きく儲ける株鬼流銘柄選びの極意

上昇相場を見逃さず、
しっかり乗って利益をたたき出す
6つのルール

ザ・株鬼
THE KABUKI

3-1 出来高は百難隠す

銘柄選びのルール①

＋大口の投資家が売買に参加している銘柄を選ぶ

私の銘柄選びの際の前提条件は、**①出来高が多い、②市場流通量が多い、③信用取引対象銘柄である**、の3つになります。ここでは、この3つについて説明します。

まず、出来高と市場流通量です。

40ページで出来高の重要性について述べましたが、出来高が少ない場合は、人気がない証拠。株価上昇は期待できないので、投資してはいけません。

中には、株価が上昇しているのに、出来高が増えていかない銘柄があります。この理由は、そもそも市場に流通している株式の量が、投資家の需要に応えられるほど多くないからです。

新興市場※や市場第二部には、会社の規模が小さいなどの理由で、市場流通量が少ない銘柄がたくさんあります。

また、会社規模はそこそこ大きくても、株式持ち合い※が進んでいて、市場に株が出

新興市場
ベンチャー企業など新興企業が多く上場している株式市場のこと。ジャスダック、マザーズ（東京）、ヘラクレス（大阪）、アンビシャス（札幌）、セントレックス（名古屋）などがある。特徴として、値動きが大きく、投機的な動きが出やすい。

回っていない銘柄もあります。こうした市場流通量が少ない銘柄には、手を出してはいけません。

流通量の少ない銘柄を大量に買った場合、すぐに株価が高騰し、そこで売ろうとすると、急落してしまうことがよくあります。まさに、1人芝居※を株価形成で行ってしまうのです。

そのため、多額の資金を運用する機関投資家※や外国人投資家※は、市場流通量の少ない銘柄を運用対象として考えていません。

機関投資家や外国人投資家は、株式市場の主要な参加者です。彼らが参加しないまま、限られた投資家だけで作られた株価は、信頼がおけないと考えてください。

＋投資対象となる銘柄の出来高、市場流通量の基準

それでは、どの程度の出来高と流通量があれば、投資対象の銘柄として合格でしょうか？

絶対額の基準は一概に言えませんが、私の感覚として、次のような基準が、機関投資家や外国人投資家が投資を検討する最低条件です。

①出来高（売買代金）は、1日当たり1億円以上

ヤフーなどのポータルサイトの株式ページで個別銘柄を調べると、株価と出来高（株

株式持ち合い
友好関係にある株式会社同士が、お互いの発行済株式の一部を保有し合うこと。友好的な大株主をつくることで、株価の安定化や敵対的買収の防衛などの効果がある。

1人芝居
1日の出来高が100〜200万円程度の人気のない小型株はザラにあり、そのような銘柄を買ってしまうと、売ろうにも買い手が出てこない。

機関投資家
個人ではなく、企業として大規模な資金を運用している大口の投資家で、銀行、投資顧問会社、生損保、投資信託、年金基金、ヘッジファンドなどがある。

外国人投資家
外国の機関投資家や大口の個人投資家のこと。株式市場の売買代金の約半分のシェアを占め、日本市場の株価動向を握る存在。

数）が載っていますね。**株価×出来高（株数）で、1億円を突破していれば出来高はOKです**（左ページの図）。

②市場流通量は、1つの株価で買える額が1000万円以上

銘柄の板※を見れば、株価ごとの売数量と買数量が記してあります（左ページの図）。**1つの株価×買数量で、1000万円以上ならOK**です。

出来高と市場流通量の多さが大事だという理由について、例え話をしましょう。

あなたがお祭りの神輿を担いでいる状況を想像してみてください。

神輿を担ぐ人がたくさんいて、次から次へと担ぎ手が現われてくるときは、あなた1人が手を抜いたり、担ぐのを止めても大きな影響は出ませんね。

でも、担ぎ手の数が少なく、交代要員もいない場合は、あなたが手を抜いたり、抜けてしまうと、神輿が傾いて地面に落ちてしまうかもしれません。

御輿を株に置き換えてください。同じことが言えます。

あなたがある銘柄を売ったとき、その銘柄の売買に参加している人がたくさんいれば、株価にほとんど影響はありません。

でも反対に、売買に参加している人が少なければ、その銘柄を売ろうとすると、株価は急落してしまう可能性があるのです。

※**板**
個別銘柄の売りと買いの注文状況を、株価ごとの売数量、買数量で記した表。証券会社に口座を開設していれば、サイト上で見られる。板の詳しい説明は138ページ。

出来高と市場流通量の基準

1 出来高の見方

株価×出来高（株数）＝1億円以上

2 市場流通量の見方

個別銘柄の板（株価ごとの注文状況）

売数量		気配値		買数量
		成行		
214,100		OVER		
3,000		5,620		
1,700		5,610		
17,500		5,600		
10,500		5,590		
13,200		5,580		
7,800		5,570		
7,900		5,560		
12,700		5,550		
		5,540	×	14,000
		5,530	×	12,500
		5,520	×	22,100
		5,510	×	23,700
		5,500	×	33,900
		5,490	×	21,000
		4,480	×	20,200
		5,470	×	4,200
		UNDER		147,400

1つの株価

買数量

かけ算をすると、
すべて
1000万円を
超えている
॥
1つの株価で
買える額が
1000万円以上

信用取引対象銘柄の株価なら信用できる

次に、なぜ投資対象を信用取引対象銘柄に絞るのかです。ヤフーなどのポータルサイトの株式ページで個別銘柄を調べて、**信用取引情報が載っている個別銘柄は、対象銘柄**です。また、**日本経済新聞の株式欄で、貸借銘柄（制度信用取引銘柄）の印がついていれば、対象銘柄**です。

信用取引対象銘柄とは、文字通り信用取引ができる銘柄のこと。

対象銘柄には、取引所が認定して公的機関が貸し株※を行う「制度信用取引銘柄」と、証券会社が独自に投資家と相対で取引する「一般信用取引銘柄」の2種類があります。

信用取引対象銘柄なら、**株の流通量や売買が増え、必然的に出来高も大きくなるので、多くの株式市場参加者の意見を反映した株価になる**というのが理由です。

ちなみに、通常でも潤沢にある信用取引対象銘柄の出来高が、株価の変化とともにさらに増えてきているときは、株価の大きな動きが予想される注目ポイントです。

株価上昇のために必要な出来高の量は？

以上が投資対象となる銘柄の基準です。それでは、株価が上昇する際には、どれくらい出来高の量が増えている必要があるのかについてこれから説明します。

貸し株
信用取引（→P52）において、証券会社が投資家に貸し出す株のこと。

まず、株価が上下どちらかに変化するときには、常に反対の動きが生まれます。株価が上昇しようとするときは、上昇に反対する意見が出て売りが発生します。株価が下落しようとするときには、下落に反対する意見が出て、買いが発生するという具合いです。そして、株価は通常、安定的な株価に収れんするという法則が働くので、正反対の2つの動きが綱引きするなかで、安定的な株価へ収れんしていくのです。

株式市場では、この安定的な株価を好む者と、好まない者が存在します。

安定的な株価を好むのは、株を長期保有したい人です。株の発行会社、長期の投資家がそうです。彼らは、株価は少しずつ上昇してほしいと望んでいます。

一方、私を含め一般の投資家は、5年も10年も株を持ち続けようとは考えていないので、安定的な株価を好みません。結果的に長く保有してしまうことはあっても、本質的には、保有株は早く売って利益を確定させたいと思っています。

安定的な株価が変化して大きく動き出すためには、相当な出来高の量が必要です。なぜそうなるのでしょうか?

長期保有したいと考えている人たちは、それぞれの銘柄の株価に対して「この水準」という一定のイメージを持っています。株価がその水準を上回ってくると、「高すぎる」

日立製作所（6501）のチャート（日足）

と考え、その高い株価で売って元の株価で買い戻そうとします。

彼らは株価上昇に対する抵抗勢力なので、上昇するためには**彼らの売りをすべて買ってしまうくらいの買いの量が必要**だからです。

買いの量は、私の経験則から、**出来高の5日移動平均線**※**の少なくとも5倍くらいの出来高が必要**だと考えています。

上の図の日立のチャートを見てください。2009年12月に株価が大きく上昇していますが、5日移動平均線の5倍以上の出来高が形成されていますね。

5倍あればおおむね大丈夫ですが、株価が上昇の兆しを見せたと

5日移動平均線
5日間の出来高の量の平均値の推移をグラフにしたもの。

きには、**過去にその銘柄が上昇したときの出来高と比べて、多いのか少ないのかも考慮するべき**です。

銘柄ごとに、株式発行量は異なりますし、市場に流通している量も異なります。だから、その銘柄の株価が過去に変化したときに、どのくらいの出来高があったかを確認してから、今回の場合はどうなのかを考えることが重要なのです。**過去の上昇時と同じくらいの量があれば、今回の株価上昇も信頼できる**と考えるわけです。

繰り返しますが、出来高のともなわない株価上昇は買ってはいけません。そして、出来高のともなっている下落は、もっと買ってはいけません。

・出来高、市場流通量の少ない銘柄は買ってはいけない。
・投資対象は、信用取引対象銘柄に絞る。
・株価上昇は、出来高の5日移動平均線の5倍以上の出来高が必要。

3-2 「節」がすべての基本

銘柄選びのルール②

株価上昇ポイントを前もって予測する

株鬼流銘柄選びは、第2章で紹介した8つの必勝チャートパターンを覚えて、パターンに当てはまった値動きをしている銘柄に投資するのが、ファーストステップです。

この銘柄選びの手法は、チャートがわかりやすい上昇の形を描いている場合に適しています。でも、株価がチャートパターン通りのきれいな形を描かなくて判別が難しい場合や、紹介したチャートパターン以外の相場を作る場合もあります。

そこで、銘柄選びのセカンドステップとして、すべての銘柄の相場で使える「**上値の節**」という株価の見つけ方を教えます。

「上値の節」とは、**株価上昇を抑えている抵抗線のことで、株価がなかなか抵抗線を超えた値段をつけない価格帯**のことです。

ところが、**相場上昇の勢いが増して、株価が「上値の節」を上回る「節抜け」が起こると、そのままどんどん株価が上昇していく**というオイシイ法則があるのです。

したがって、私たちは、「この上値の節を抜けたら買いに入ろう」と待ち構えながら、チャートを眺めていればいい。「上値の節」を知っているということは、株価が上昇するポイントを、前もって予測しているということになりますね。

「上値の節」を抜くと、確実に株価が上昇していきます。8つの必勝チャートパターンも、すべて「上値の節」を抜いて上昇していく形です。

「節」の考え方を理解する

「上値の節」というのがあれば、「**下値の節**」というのもあります。これは、188ページのロスカットラインの設定方法で使う考え方ですが、「上値の節」とセットで理解する考え方なので、ここで覚えておきましょう。

「下値の節」とは、**株価下落を抑えている支持線のことで、株価がなかなか支持線を下回る値段をつけない価格帯**のこと。

ところが、**相場下落の勢いが増して、株価が「下値の節」を下回ると、そのままどんどん株価が下落していく**という法則（これはオイシくないですね）があります。

103ページの図を見てください。「上値の節」と「下値の節」を合わせて「節」と言いますが、上昇過程や下落過程にあった株価がストップして、一息つくように、ひとところで動かなくなります。売り圧力と買い圧力が均衡している状態ということですね。ところが、この均衡が崩れて株価が「節」を超えてしまうと、超えた方向にずっと動いていくという法則なのです。

「節」ができる仕組みは簡単です。上昇過程に入った株価がある価格水準になると、売り物が多くなって上昇がストップし、「上値の節」ができます。

反対に、下落過程に入った株価がある価格水準になると、買い物が多くなって下落がストップし、「下値の節」ができます。

＋「節」の見つけ方

さて、考え方がわかったところで、「節」の見つけ方です。「節」は、重要度の高い順に「大節」「中節」「小節」の3つに分かれます。なぜ3つに分けるかと言えば、「節」を超えた後に、株価がどこまでいくかという勢いに違いがあるからです。

たとえば、上値の小節を超えるよりも、上値の大節を超えるほうが、株価の上昇幅は大きいというわけです。下値の節についても考え方は同じ。下値の大節を超えたときの下落幅はかなり大きいということになります。

それでは、104～105ページの図を見ながら、「節」の見つけ方について理解し

節の考え方

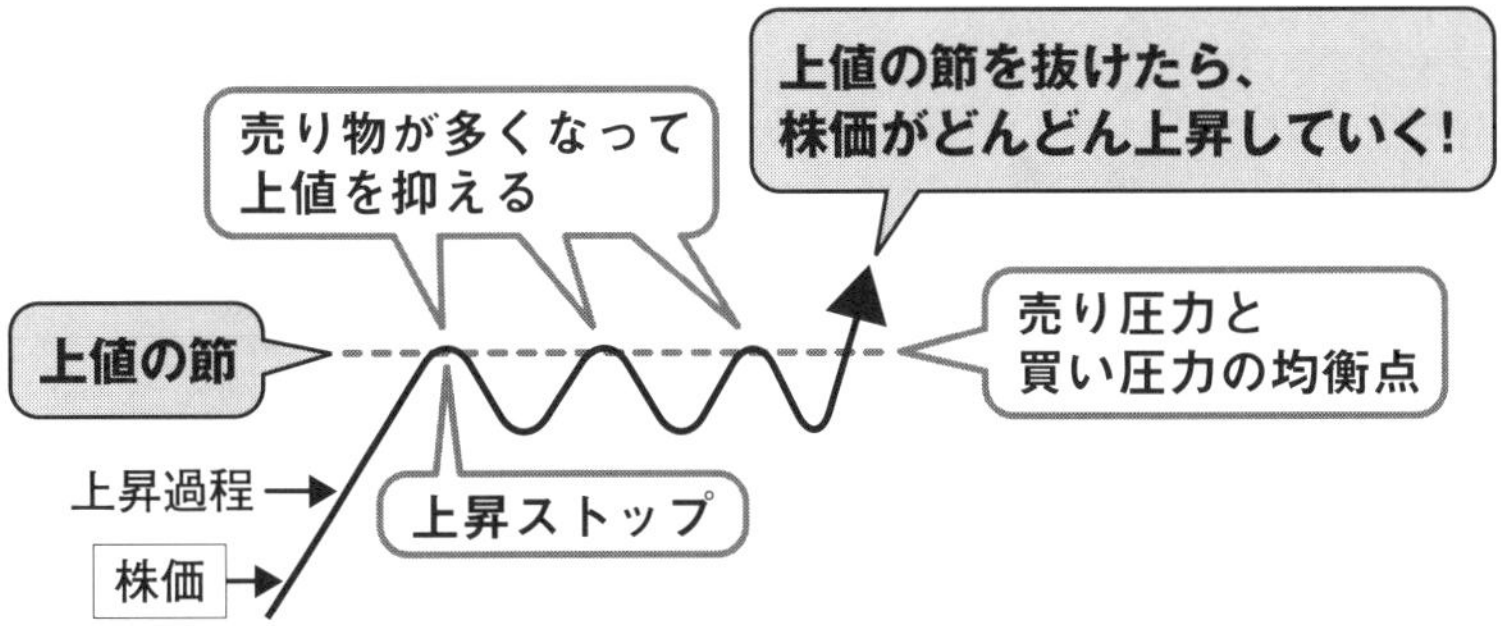
上値の節を抜けたら、
株価がどんどん上昇していく！
売り物が多くなって
上値を抑える
上値の節
売り圧力と
買い圧力の均衡点
上昇過程
上昇ストップ
株価

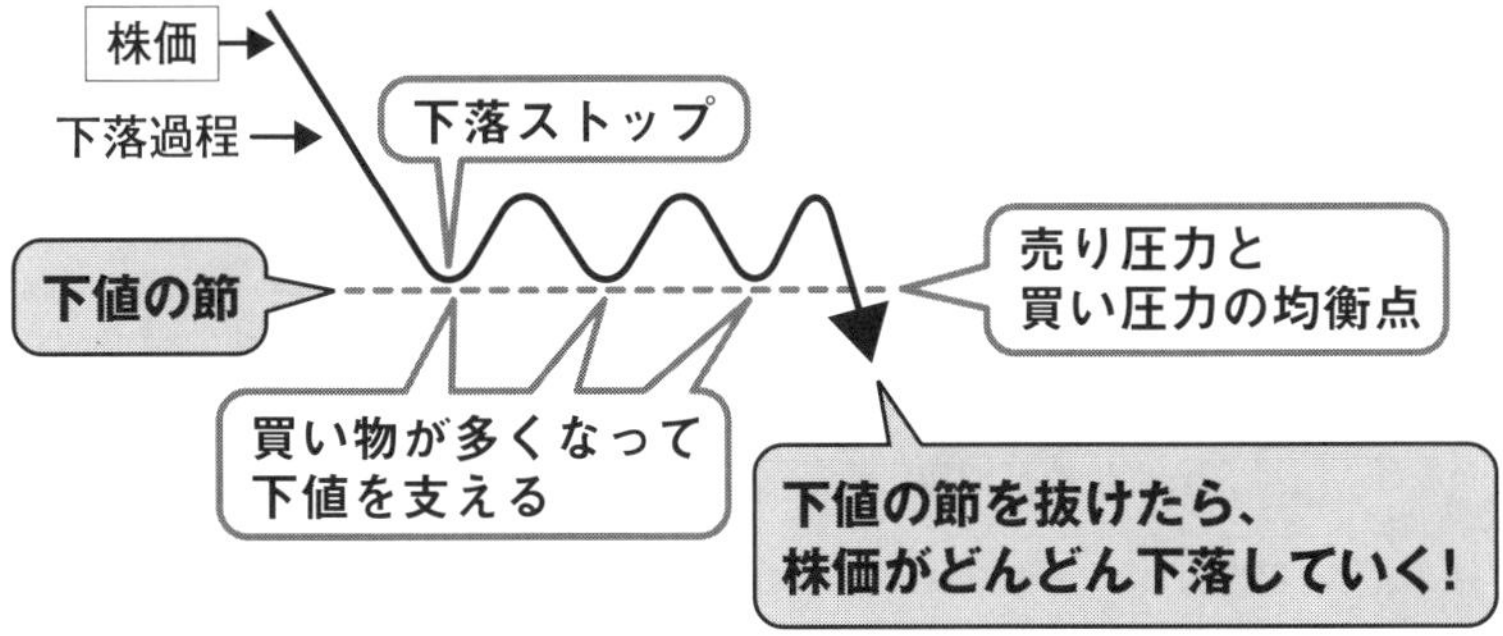
株価
下落過程
下落ストップ
下値の節
売り圧力と
買い圧力の均衡点
買い物が多くなって
下値を支える
下値の節を抜けたら、
株価がどんどん下落していく！

大節の見つけ方

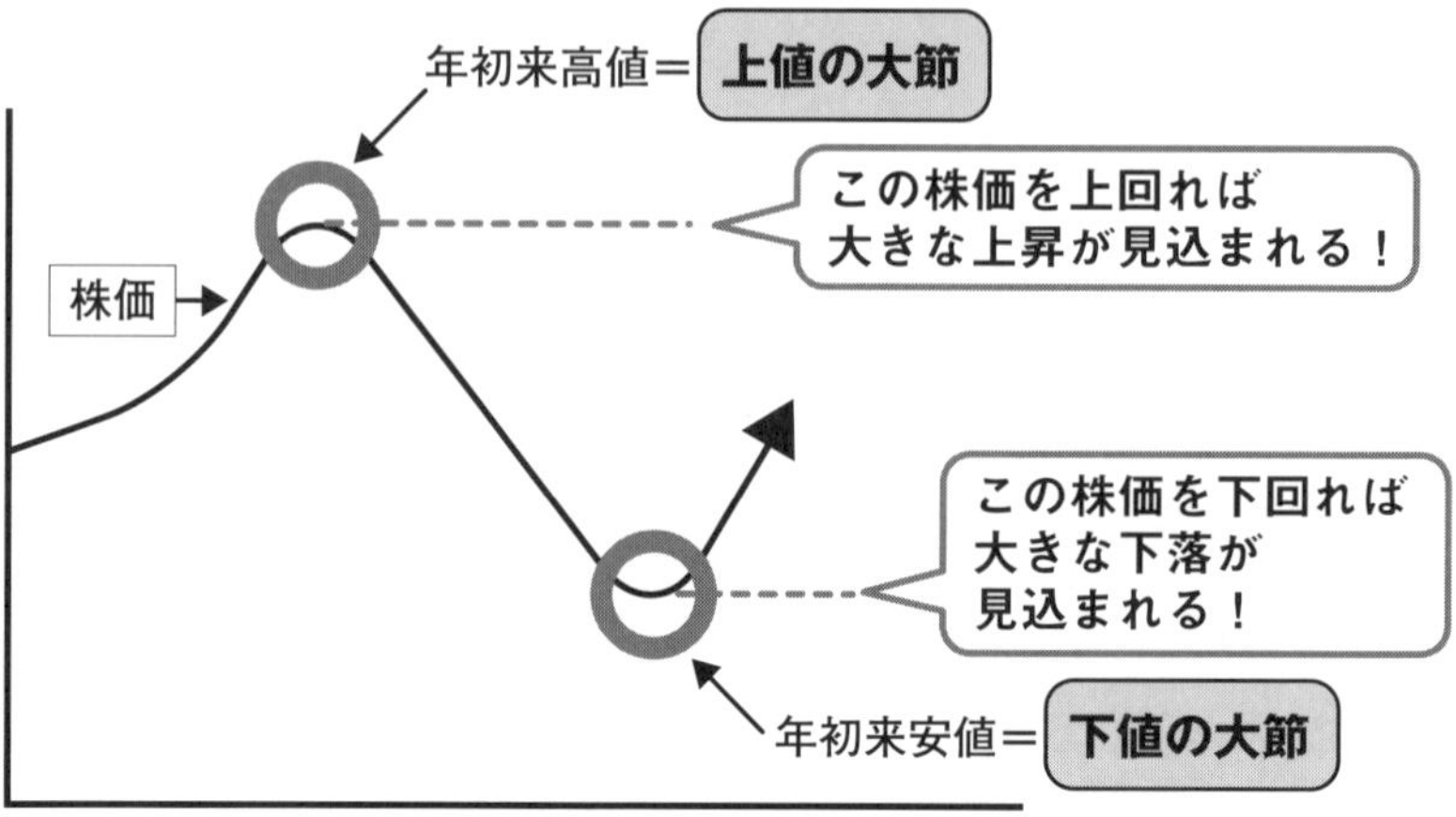

小節の見つけ方

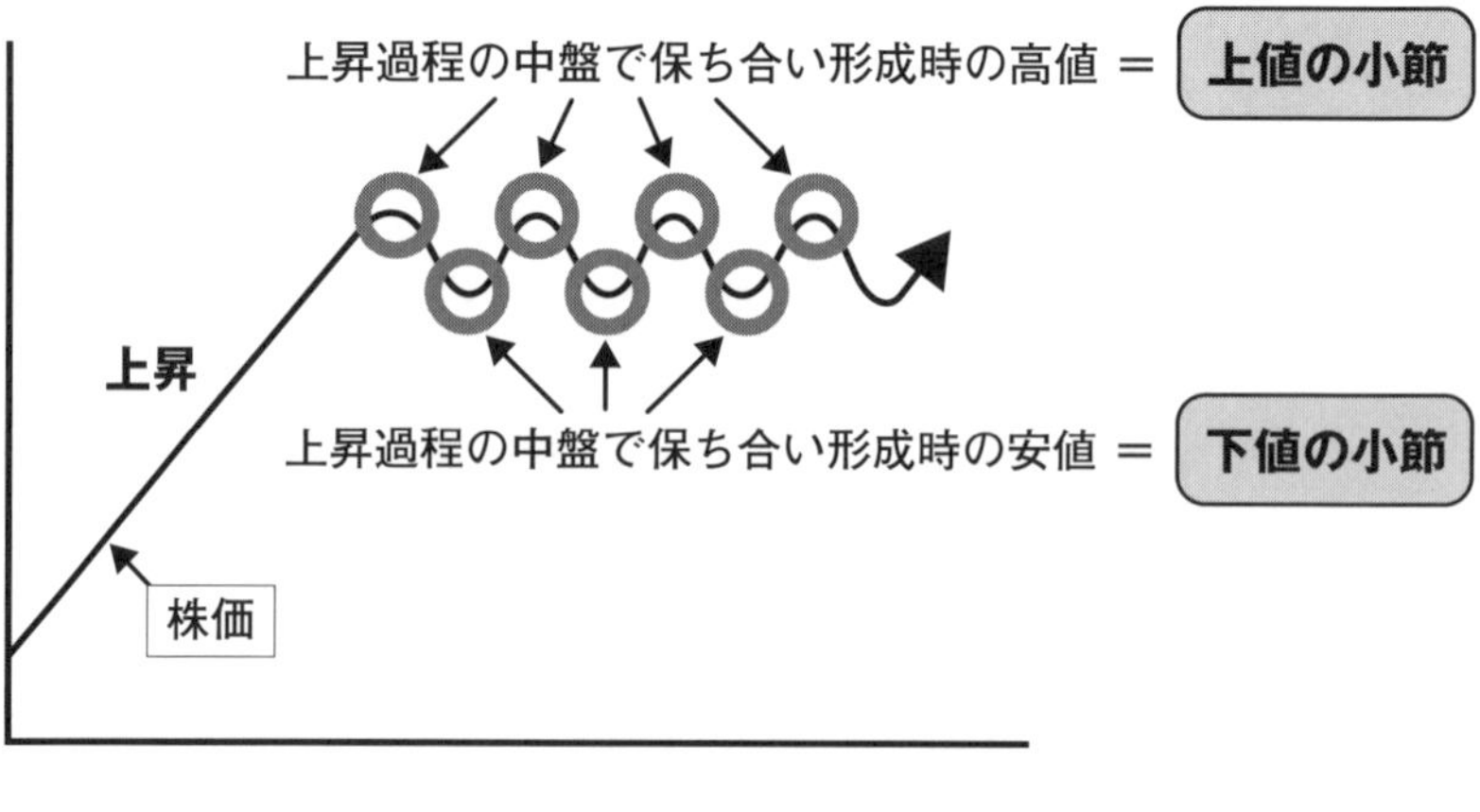

中節の見つけ方①

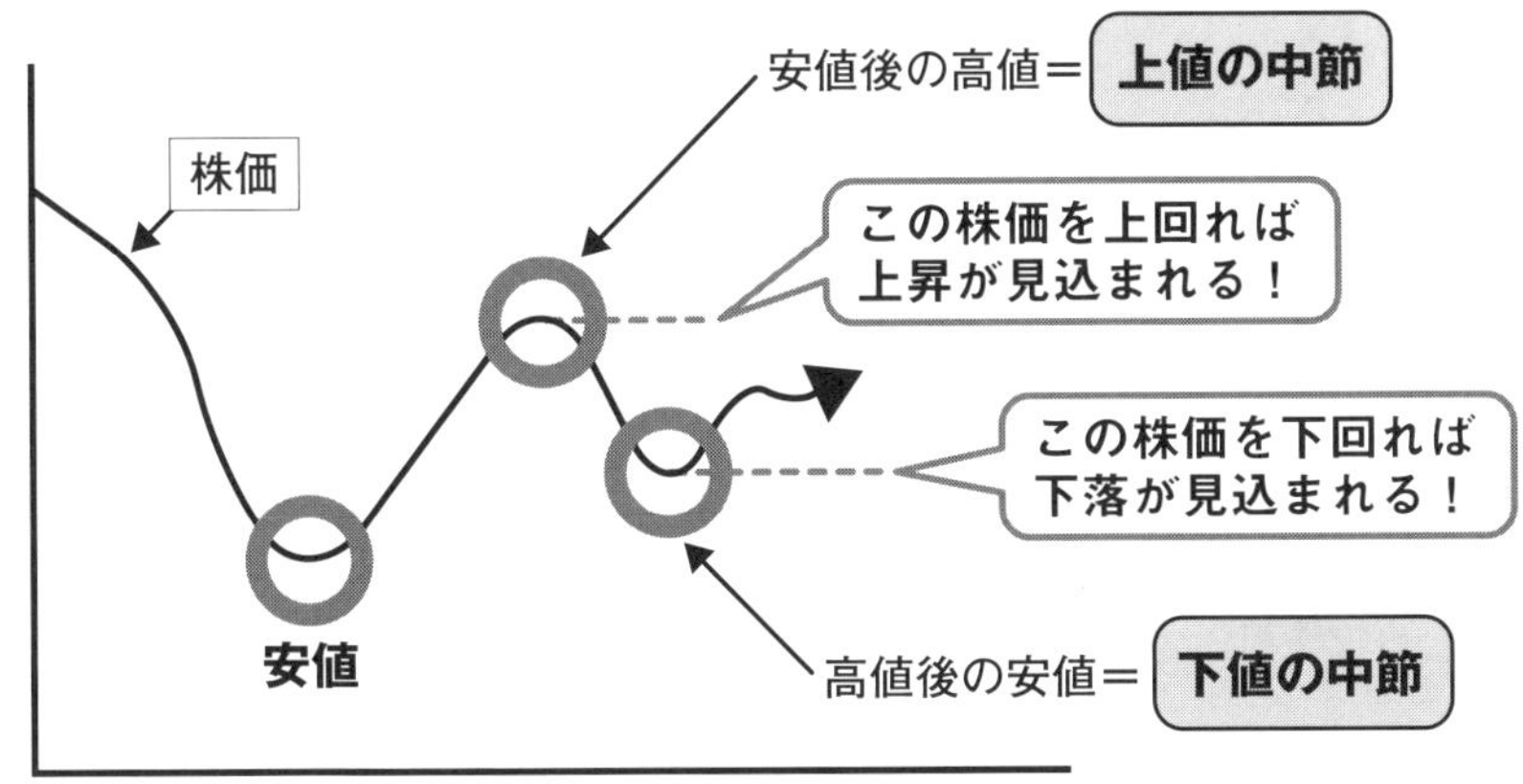

中節の見つけ方②

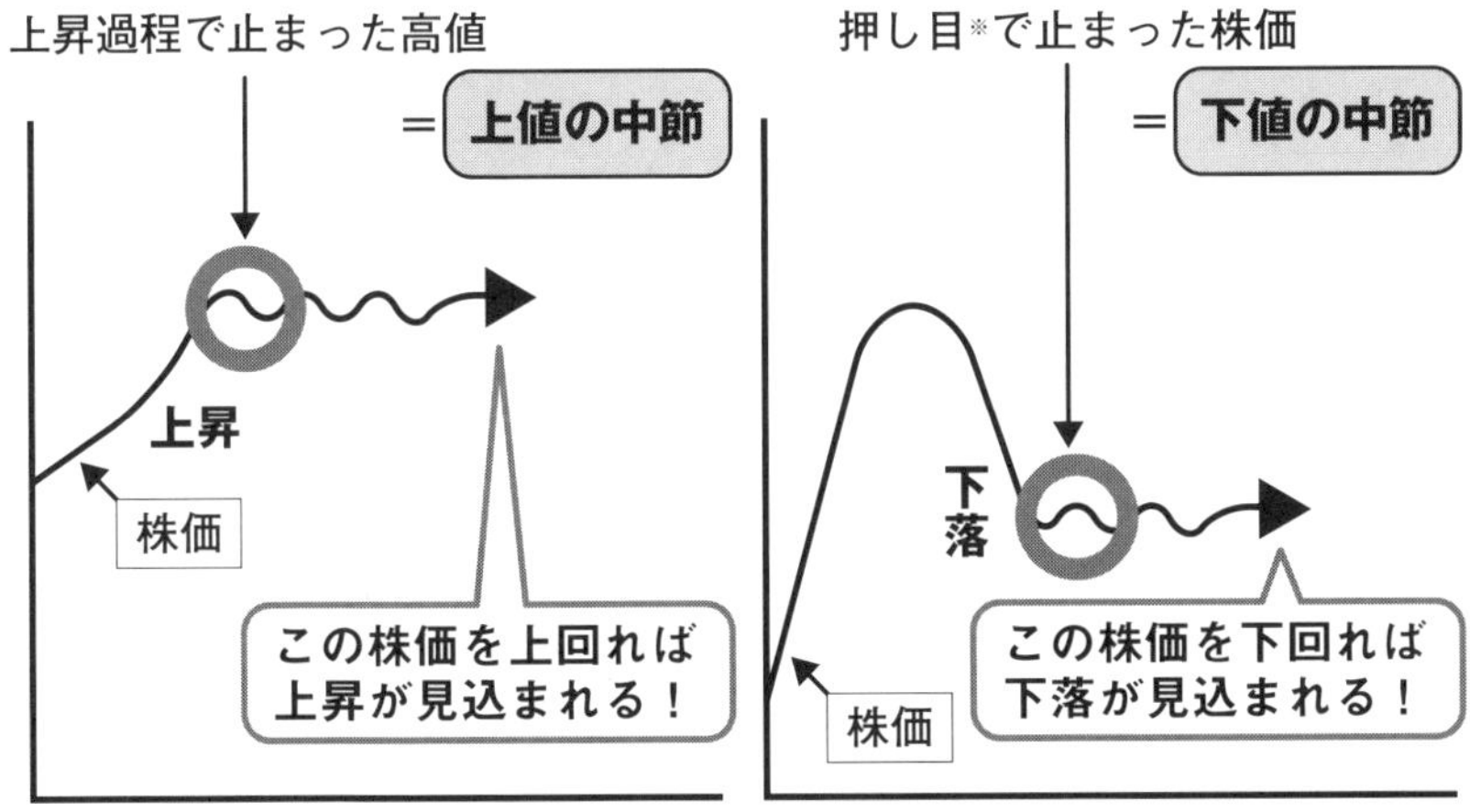

※押し目＝下落過程の株価が一時的に下げ止まること。

てください。

ちなみに、株価が「小節」に何度もとどまるようになると、「小節」↓「中節」↓「大節」へと変化することを覚えておいてください。

＋「節」を超えると上値と下値が逆転する

先に述べたように、株価が「節」を超えると、次の新しい「節」ができるまでは、超えた方向へずっと動いていきます。これは逆に考えると、「節」を超えた場合は、これまでの「上値の節」と「下値の節」が逆転することになります（左ページの図）。

①「上値の節」を超えた場合

「下値の節」に変わる（この株価より下がらない）

②「下値の節」を超えた場合

「上値の節」に変わる（この株価より上がらない）

どうですか？　これを知っておけば、株価の行き先を読むうえで、とても参考になりますね。

なぜそうなるのかについて、本書の読者は、買いから入る人のほうが多いと思うので、①の「上値の節」を超えた場合のケースで説明しましょう。

先ほど述べたように、株価の上昇過程で「上値の節」ができるのは、売り物が集まっ

①株価が上値の節を超えた場合

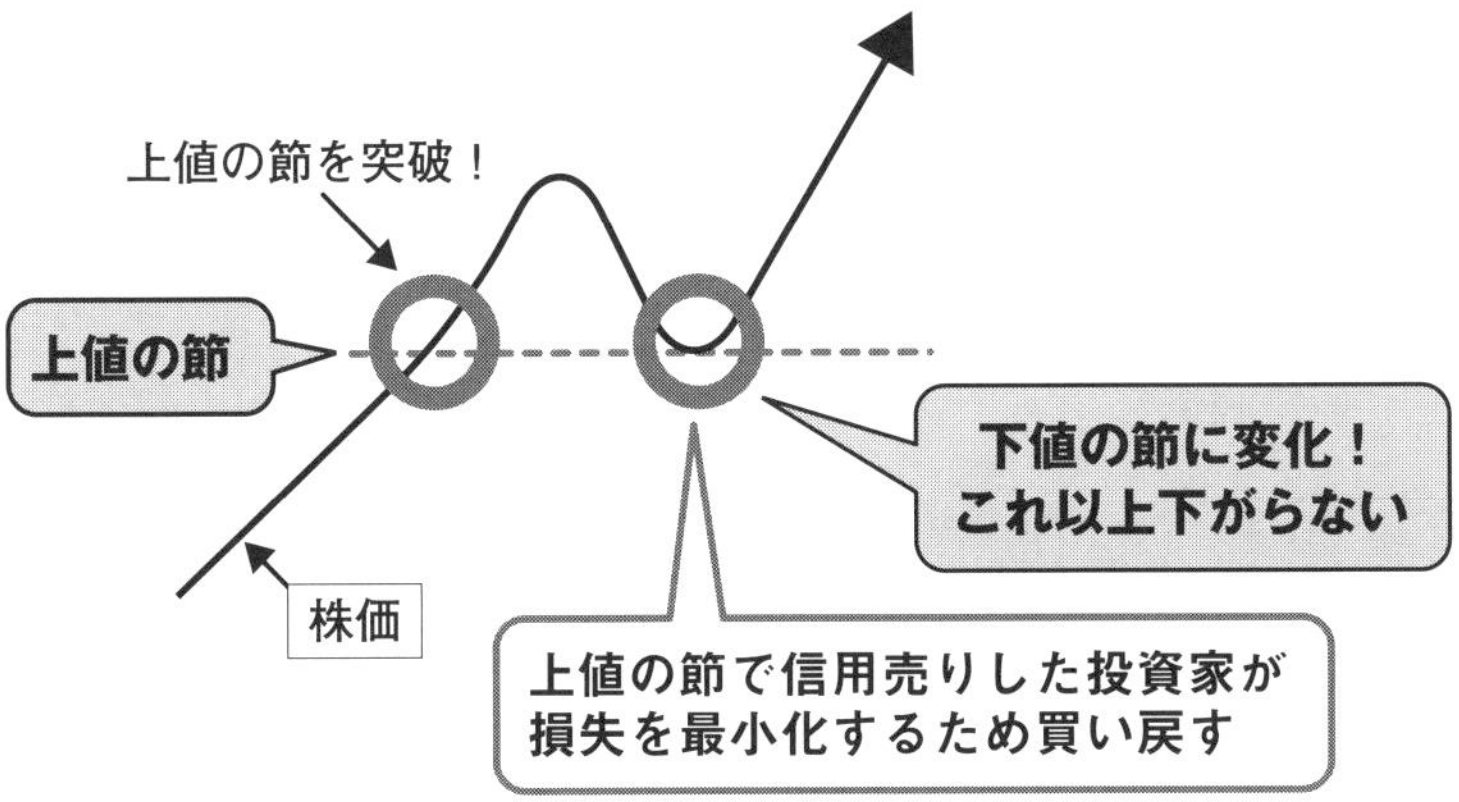

②株価が下値の節を超えた場合

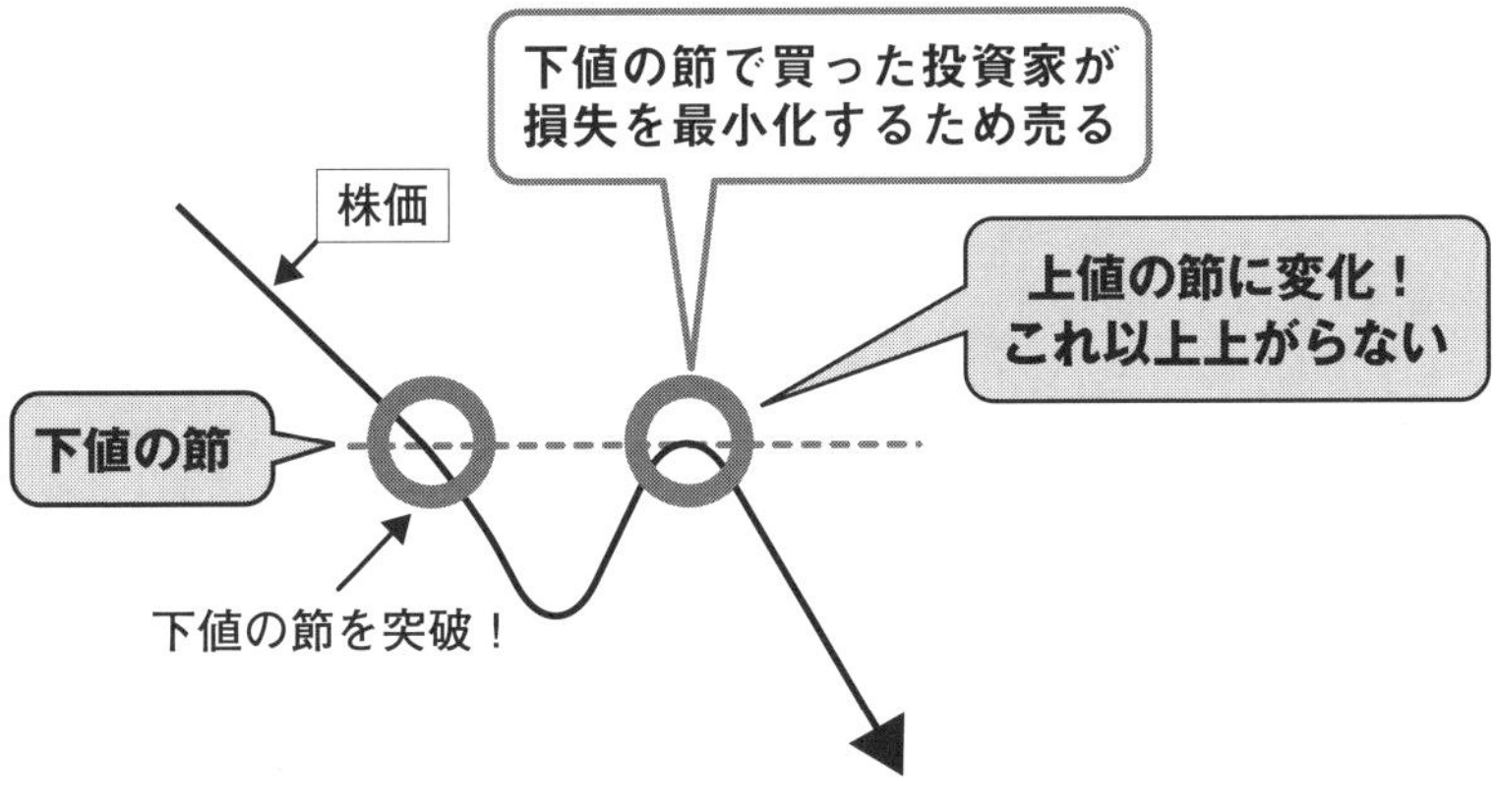

ているからですね。

当然、売り物には、現物取引の売りと信用取引の売り（信用売り）があります。

現物の売りは、売れてしまったら売買が完結する売りです。

しかし、信用取引の売りは違います。

「上値の節」で信用売りをした投資家は、株価が下がったところで買い戻しをかけ、利益確定します。彼らにとって、「上値の節」で売った後、株価が下がれば下がるほど、利益は大きくなりますね。

ところが、買いのエネルギーが強くて、「上値の節」を超えて株価が上昇してしまった場合は、どうなるでしょうか？

信用売りの人は、損失を最小化するため、「上値の節」だった株価で買い戻すしかありませんね。

と言うことは、上昇した株価がまた下がってしまっても、「上値の節」だった株価になると、信用売りの人の買い戻しが増え、「上値の節」だった株価が、「下値の節」になって下げ止まるのです。

このような仕組みから、「上値の節を超えると、下値の節になる」と言えるのです。

ちなみに、**「上値の節」の株価が高いほど、超えた後の信用売りの人の買い戻し圧力が強くなり、株価上昇を後押しします。**

ところで、「節」は日々の株価の動きにも現われるので、1日で売買の手じまいをするデイトレードにも使えます。

・「上値の節」を超えると、株価は上昇する。
・「上値の節」は、超えると「下値の節」になる。

3-3

銘柄選びのルール③

「ダマシ」にダマされない方法

「ダマシ」には迅速なロスカットで対応する

前ページで、株価の「節」を見つければ、その後の株価の動きが読めることを説明しました。

しかし、ときには、チャート上の見込みとは異なり、株価が「上値の節」を抜いたにもかかわらず、また下落してしまうような「**ダマシ**」というイレギュラーな動きを見せることがあります。

そこで、ここでは「ダマシ」に対応する方法について説明します。

もし、株価が上昇するチャートを作り、出来高も相応についてきている銘柄を買って、「ダマシ」にやられてしまった場合は、私は仕方ないと見切りをつけて、**すぐにロスカット（損切り）しています**。

ロスカットの方法は188ページで詳しく書きますが、「ダマシ」にやられず、相場で勝ち抜くためには、果敢にロスカットするしかありません。

「ダマシ」が起きる理由を知っておけば見破れる

とは言え、「ダマシ」が起きる原因はちゃんとあるので、それを知ることで「ダマシ」に会わない確率を高められますし、「ダマシ」を見破ることだってできます。

原因は次の2つに分かれます。

①買い方の力不足

売り方が少ない相場では、株価が一気に「上値の節」を超えることがありますが、買い方の力が十分に足りていないと、すぐに売り方に押され、株価が下がってしまいます。買い方の力が足りているかどうかは、出来高を見て判断することにつきます。出来高が増えなければ、本格的な上昇とは言えません。このケースは、98ページで書いた出来高の基準を満たしていれば、ダマされる可能性は少ないです。

②買いを入れたい大口の投資家の揺さぶり

大口の投資家は、なるべく安く、たくさんの株を集めたいと考えるものです。ですから、一般の投資家に株を買わせたくないと思っています。

ダマシを逆手に取る方法

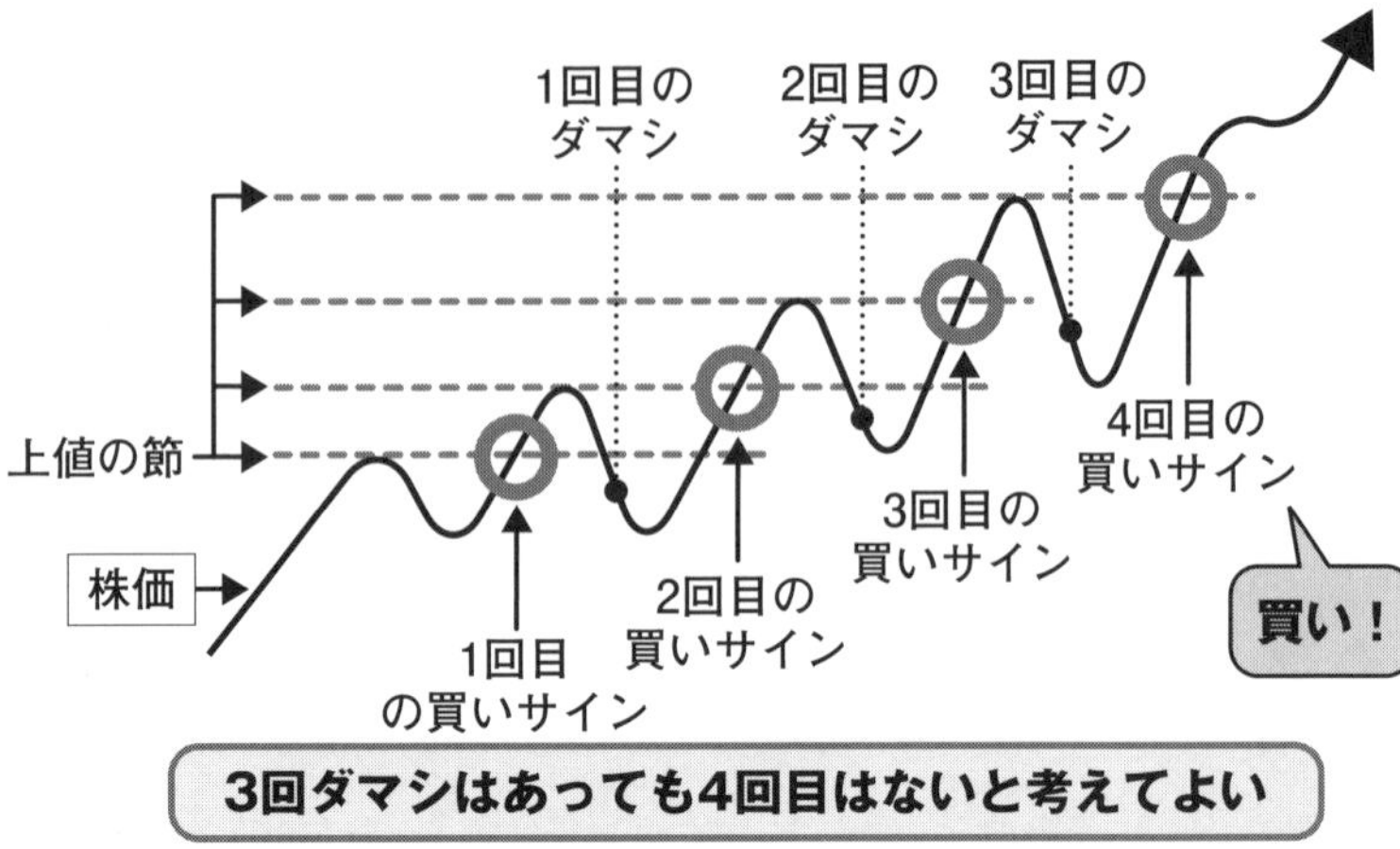

そこで、大口の買い方は、一般の投資家の売りを誘うために、株価を一時的に下落させる「ダマシ」を作ることがあります。これを「買い方の揺さぶり」と言います。

株価が上昇局面にあるとき、上昇前に買った投資家は、いつ利益確定したらよいか迷っています。そんなとき、株価下落の兆候が見えれば、真っ先に売って利益確定したいという心理になります。

その心理を狙って、大口の買い方が「ダマシ」を作り、揺さぶりをかけます（上の図）。

でも、これを見破って利用する手があります。

大口の投資家の**「ダマシ」が何回も入るほど、つまり、株価が何度か「上値の節」を抜けては戻るを繰り返すほど、株式市場**

では、その銘柄はいずれ、大口の買いによって上昇過程に入るだろうという信頼が増していくのです。

私はこれを利用して、経験則から通常、**3回「ダマシ」はあっても、4回目は「ダマシ」はない**ものだと考えています。

・出来高の量を見れば、「ダマシ」かどうか見極められる。
・「ダマシ」が入れば入るほど、株価が上昇する可能性が高まる。

3-4

銘柄選びのルール④

「変化」「変化への期待」を表すファンダメンタルズを探せ！

変化、変化への期待を表すものがよい

株鬼流は基本的にテクニカル分析ですが、ファンダメンタルズ分析も補完的に使い、確実な銘柄を選びます。

ファンダメンタルズとは、業績や財務状況など、会社の基本情報のこと。これを基に、会社の将来の株価を予想することがファンダメンタルズ分析です。

株式投資の基本は、「昨日までの実績」で買うのではなく、「明日以降の期待」で買うこと。言い換えると、「会社の将来の価値」を買うわけです。

だから、株式投資で参考になるファンダメンタルズとは、将来の株価が、いまの株価とは違ってくるだろうと思われるものでないといけません。つまり、**「変化」**または**「変化への期待」を表すファンダメンタルズにだけ注目する**のです。

会社によい意味での変化の兆しが見えたときは、近い将来、それまでにはない「よい出来事」が起きる可能性があります。そこで、投資家は、変化の兆しを「好ましい現象」と捉えて注目します。

そうしたファンダメンタルズを持つ銘柄をあらかじめ頭に入れておき、チャートをチェックしながら、投資のタイミングを測ります。

「変化」「変化への期待」を表すファンダメンタルズとは次のようなものです。

①明らかに業績の好転がわかるもの

増収※、**増益**※、**増配**※、**復配**※などがあり、変化への期待が大きくなります。

②資本構成の変化を示すもの

増資※、**株式分割**※、**第三者割り当て増資**※、**合併**※などがあります。とりわけ、大株主の交代や業態が大きく転換することを示す出来事は、いままでの閉塞感を打ち破る可能性が感じられ、変化に対する市場の期待が大きくなります。

③「ぶり」という言葉

よい意味での「〜ぶり」という表現。たとえば、「10年ぶりの復配」「5年ぶりの市況好転」などで、変化に対する期待が大きくなります。

増収：会社の売上高が増えること。
増益：会社の利益が増えること。
増配：前期よりも配当金額が増えること。
復配：会社の業績が回復して、前期までゼロだった配当金額が、今期は出るようになること。
増資
会社が新しく株式を発行して、資本金を増やすこと。
株式分割
1株をいくつかの株数に分割して、発行済株式数を増やすこと。
第三者割り当て増資
特定の第三者に引き受けてもらう約束をして、新しく株式を発行して増資すること。
合併
複数の会社が合体して1つの会社になること。

＋売上げと営業利益の両方が伸びていればかなり期待できる

いくつも挙げましたが、なかでも**大事なのは「増収」**だと思います。

ご自分でビジネスをやっている方ならすぐに理解できると思いますが、売上げが損益分岐点※を抜いた瞬間に、利益が急速に増えるものです。

製造業で言えば、売上げが伸びて製品の製造コストを吸収した時点から、利益の伸びは、売上げの伸びを超える数字になります。

ですから、**増収は、「今後、利益がグッと増えてくるかも」という変化を期待させる**ので、重要なファンダメンタルズだというわけです。もちろん、「増収増益」のダブルはさらに大事ですよ。

実際に、目星をつけている会社の売上げが伸びてきたときは、同時に「**営業利益の伸び率**」もチェックしてみてください。営業利益も伸びていれば、投資家が株を買いたいと思う銘柄だということです。

さらに、**営業利益の伸びが売上げの伸びを上回っていれば、とても期待が持てる銘柄**だと言えます。

株価が上昇している銘柄があって、その背景に、売上げや営業利益の伸びがあれば、長く上昇相場が続くことが多いですよ。

損益分岐点
売上げと費用が同じ額になって利益がゼロになっている状態。売上げが損益分岐点を抜くと、利益がマイナスからプラスに転じる。

もう1つ、ここ数年のスパンで、**創業以来の最高益を出したときの株価も押さえておきましょう**。

創業以来の最高益をたたき出したとき、その銘柄は高値をつけているはずです。その高値がいくらだったのかを知れば、再び創業以来の最高益を出したときに、その銘柄がどの程度の株価まで買われるか、予想することができるからです。

業績好転、資本構成の変化、「ぶり」には注目する。
増収と増益はとくに大事。

3-5

整理期間の終了を見極めよ

銘柄選びのルール⑤

整理期間中の銘柄を見抜く方法

あなたが「よいチャートを描いているな」と思う銘柄を見つけて、投資タイミングを測っていたとします。でも、なかなか出来高がともなわず、株価が継続して上昇していかないので、手を出せないことがあります。

それは、過去に大きな上昇相場があって、大量の買いのエネルギーが使われ、再びエネルギーを充満する一定の「**整理期間**※」が必要な銘柄である可能性があります。

ここでは、そんな整理期間中の銘柄を見抜く方法について説明します。

まず、整理の仕組みとは、どうなっているのでしょうか?

ある銘柄の大幅な株価上昇が終了した後は、買ったまま売りそびれた投資家がたくさん出てしまいます。そのうち一部の人は、損失を覚悟して安値で売ってしまいますが、

整理期間
過去の大相場で買って利益確定するタイミングを逸して、含み損を出したまま株を保有し続けている投資家が、売って手離れすることを整理と言う。整理期間とは、それにかかる時間のこと。

多くの人は、株を保有し続けて次の売れるチャンスの到来を待っています。

言い換えれば、株価の上昇が大きく、かつ急速であればあるほど、下落後の相場には〝敗残兵〟の投資家がたくさん存在しているというわけです。

彼らの存在は、次の株価上昇を阻害します。なぜなら、株価が再び上昇すれば、待ってましたとばかりに売却行動に出るので、株価を押し下げる原因を作るからです。

そこで、銘柄選びの際には、次の3点をチェックして、整理期間中の銘柄でないことを確かめなければいけません。

①出来高の基準量を上回っているか。
②過去の大相場から一定期間を過ぎているか。
③過去の大相場と同じくらいの出来高があるか。

もし、上昇を始めた銘柄の整理が完了していたら、必ず出来高がともなっているはずです。逆に、**出来高がともなわないときは、整理が完了していないので、手を出すのはやめておくべき**です。

整理期間のめどはどのくらいか?

過去に大相場を作った銘柄の株価が、再び上昇するまでには、〝敗残兵〟の売却行動が終了する整理期間が必要になります。

彼ら〝敗残兵〟の行動は、①早々にあきらめて売却する、②多少株価が戻ったところで売却する、③塩漬けになる覚悟で持ち続ける、の3つに分けられます。①と②の行動がだいたい完了していれば、整理期間が終了していることになります。

私は経験則から、整理期間のめどはおおむね、次のような時間だと考えています。

①上昇スタートから2倍になった銘柄は、半年程度。

②上昇スタートから3倍になった銘柄は、使われたエネルギーがさらに多いため、1年半程度。

＋整理期間が尋常ではない光通信

ただし、**過去に相当な大相場を形成した銘柄だと、尋常ではない整理期間がかかることもあります。**

有名なのが光通信という情報・通信銘柄（左ページの図）。株式市場の歴史に残る大相場を形成した後、反落してなかなか本格的な相場になっていません。

光通信がジャスダックから東証1部に上場した1999年は、まさにITバブル※のまっただ中。東証1部に上場後、株価はみるみる上昇し、2000年2月15日には、24万1000円の高値をつけました。

しかし、その値段をピークにして相場は売り一辺倒になり、連日のストップ安※で株価

ITバブル
1990年代終盤〜2000年にかけて情報・通信銘柄を中心に株価が急騰し、同銘柄の新規上場も相次いだ出来事。しかし2001年にバブルは弾けて、同銘柄の株価は急落した。

ストップ安
証券取引所によって、1日に動く株価の値幅は一定の範囲内に制限されている。制限幅の下限まで株価が急落することがストップ安。反対に、制限幅の上限まで株価が急騰することがストップ高。制限の理由は、株価があまり急激に変動すると、投資家に大損害を与える可能性があるため。

光通信（9435）のチャート（週足）

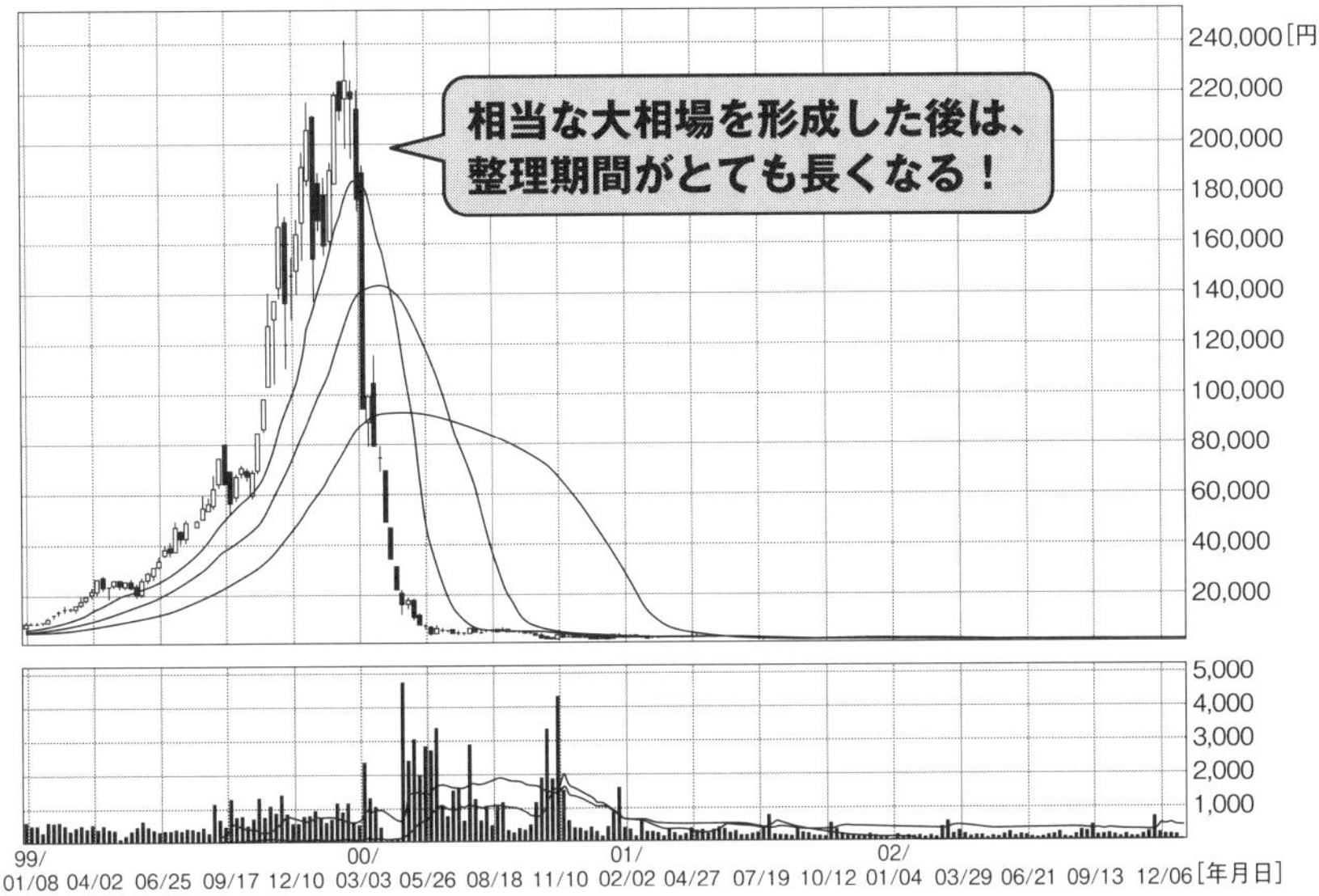

は下落を続けました。

そしてようやく、２００２年７月29日の８９５円を安値として反転を始めましたが、実に株価は３００分の１にまで下がったわけです（２０１０年３月現在の株価は１５００円台）。

これほどの大相場を作った銘柄の整理がついて、また元の高値を狙いにいけるまでには、気の遠くなるような時間が必要でしょう。

実際に整理期間を見積もってみますと、光通信の大相場スタート時の株価は５０００円程度。これが約50倍の24万１０００円まで上昇したわけです。整理期間は、上昇スタートから2倍になった銘柄で半年程度ですから、単純に言って50倍なら整理期間は25年程度になります。やはり相当な時間が必要だということですね。

＋悪印象が強い銘柄は心理的な売りの整理期間がプラスされる

ところで、整理期間が終了するということは、実際の売りを吸収するだけでなく、多くの投資家が持っている心理的な売りも整理されなければなりません。つまり、多くの投資家が持っている「あの銘柄は売りだろう」という悪印象が拭われる時間が必要である、ということです。

株式市場において、**悪い印象があまりにも強い銘柄だと、先ほどの整理期間のめどにさらにプラスして、一定の整理期間がかかる**というケースがあります。

・過去に大相場が作られたかどうか調べて、整理期間中でないことを確認。
・整理期間は株価が2倍になったら約半年、3倍になったら約1年半。

3-6 「一番手」買いはするな！

銘柄選びのルール⑥

＋弱気な考えでは利益は出せない

「株は一番手につけ」というのが銘柄選びの鉄則です。あるテーマで、一番先に値上がりした銘柄を買えという意味です。

同じテーマのうち、最初に上昇を始めた銘柄が一番手、次に上昇を始めた銘柄が二番手……となります。

たとえば、「鉄鋼が狙い目だ。新日鉄（一番手）や住友金属（二番手）がずいぶん上昇したから、まだ上がっていない神戸製鋼（三番手）を買おう」「海運が狙い目だ。商船三井（一番手）や日本郵船（二番手）が高いから、まだ動いていない川崎汽船（三番手）を買おう」というふうによく使われます。

なぜ投資家がこう考えるかと言えば、「一番手を買いたいけれど、もう十分に値上がりして高値かもしれない。それを買うのは怖いから、まだ上がっていない二番手を買おう」という理屈です。

でも、「二番手は高くて怖いから二番手にいく」なんて弱気な姿勢こそ、利益を出せずにいる原因だと思います。

潜在需要まで考えて一番手を買う

それでは、なぜ一番手がいいのでしょうか。

一番手の銘柄には当然、そのとき一番多く買いの需要が入っています。**一番買いが入っているからこそ、株価は上昇を続け、上昇が新たな買い需要を呼び込むという好循環を作ります。**

しかし、二番手以降の銘柄には、なかなか需要が入りません。一番手の銘柄の上昇が続くので、投資家が二番手にいく必然性がなくなるからです。

別の角度から言うと、「一番手がよいと思うが、高いから買えない」と思っている投資家がたくさんいるという事実は、株式市場において、「一番手を買いたい」という需要がたくさん残されていることを意味します。

そこで、株価がさらに上昇したときは、「やはりもっと前に買っておくべきだった」と思う投資家がたくさん登場して、買いを入れてくるという仕組みになります。

上昇中の銘柄を買いそびれた弱気な投資家が、「怖いけれど、やっぱり一番手を買おう」と思うときに、株価はさらに上昇します。

ところで、これには1つだけ例外があります。

同じテーマの銘柄全体が上昇しているとき、「**一番発行済株式数が少ない銘柄（一番小さな銘柄）につけ**」というセオリーがあります。

株式市場がそのテーマ全体の底上げを考えている場合、市場に流通している株数が少ない銘柄ほど供給がタイトになるため、上昇しやすいからです。

一番手は、買いそびれた投資家の買い需要を呼び込んで上昇が長く続く。

4

相場で勝ち続ける株鬼流の買い方

株の最高の買い時を
絶対に逃さない
相場の見方・読み方

ザ・株鬼 THE KABUKI

4-1 相場当日、検証するチャート、地合いのポイントはこれだ！

株は仕掛けるという強い意志を持つ

これまで銘柄選びのための研究・分析方法を説明してきました。

ここでは、相場の当日に押さえておかなければいけないチャートや地合い※の重要なポイントについて説明します。

私は常々、株を売買することを「仕掛ける」と言っています。

「**仕掛ける**」について辞書を引くと、「動作をしむける。行動に出る。攻勢をかける。」（広辞苑）と書いてあります。

「仕掛ける」という強い響きの言葉を使うのは、「**腹をくくって、自分から積極的に勝負しにいく**（**そしてもちろん勝つ**）」という気持ちを持っているからです。読者の皆さんにも、そういう強い意志を持って株式投資をしようと言いたいのです。

私は長年の経験から、こうした姿勢が「相場で勝つ」ために必要であると思っていいま

地合い
株式市場全体の状況。

す。

また、仕掛ける際には、「**動機**」を持っている必要があるともよく言っています。動機を持つとは、自分なりに銘柄をしっかり研究・分析したうえで、「この水準の株価で買って、このくらい上昇したところで利益確定しよう」というように、**成功のシナリオを持っている**ということです。

しかし、相場は生き物なので、必ずしもあらかじめ持っていた自分のシナリオ通りにいくとは限りません。前日までにシナリオを作っていたとしても、当日何が起こるかわからないからです。そこで、当日の相場が始まったら、現在の状況をよく見て、次の押さえるべきポイントを確認して相場の状況を見極めてから、実際に仕掛ける必要があります。

これをルーティン作業と感じる人もいるかもしれませんが、面倒くさがらずにすることが、相場で失敗しない秘訣だと私は考えています。

当日のチャートの検証ポイント

まず、チャートで見ておくべきポイントについて説明します。

チャートが上昇パターンを描いていることはもちろん、週足、日足で次の項目をチェックしてください。なるべく多くの項目が該当しているのがよいです。

週足で13週、26週移動平均線が上昇トレンド

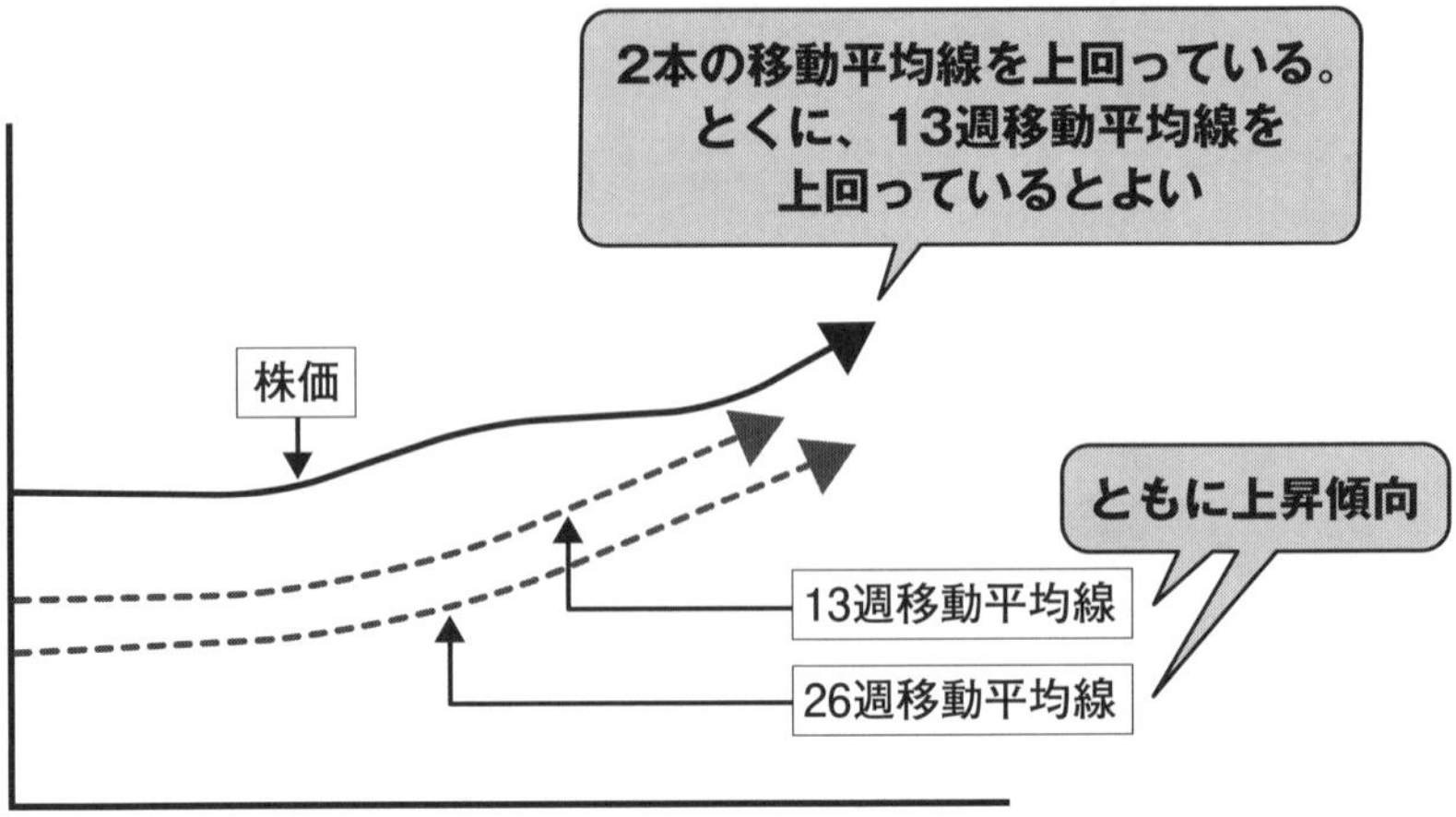
2本の移動平均線を上回っている。
とくに、13週移動平均線を
上回っているとよい
株価
ともに上昇傾向
13週移動平均線
26週移動平均線

【週足】

①近い過去に大相場を出していない（↓P118）。

②13週移動平均線と26週移動平均線が上昇トレンドにある（上の図）。

③とくに、株価が13週移動平均線を上回っている（上の図）。

【日足】

①「株価がいくらになったら仕掛ける」という明確な目標を持っている。

たとえば、「上値の節」（↓P100）を把握していて、株価が「上値の節」を超える「節抜け」をしたら買おうと決めているというようなことです。

②仕掛けに遅れていない。

直近で絶好の買い時を見逃していて、す

安値切り上げ

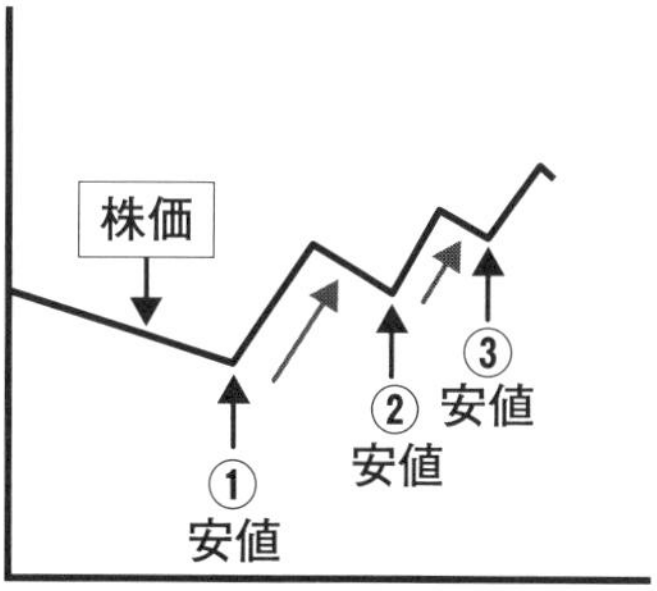

①→②→③と安値を切り上げていく

25日移動平均線

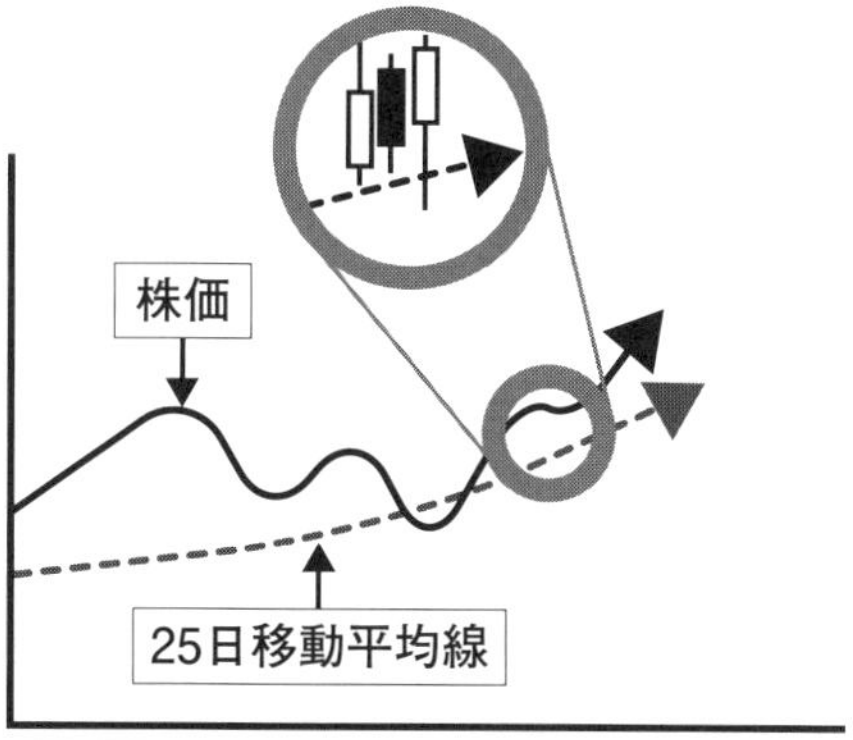

終値で3日以上、25日移動平均線を下回っていない

でに株価が大幅に上昇しきっていたり、自分の目論見とは別の新しい相場が始まっていたりしたら、仕切り直しが必要です。

③値幅測定法（↓P172）で計算して、上値が見込める。

④株価が25日移動平均線を終値で3日以上下回っていない（右上の図）。

下回っているときは、株価が下落したがっている可能性があります。

⑤下値が少しずつ上がり、安値を切り上げてきている（左上の図）。

とりわけ、陰線が続いているにも関わらず、安値が切り上がっているのは「陰線ケツ上げ※」という強い指標です。

＋ 地合いを検証する

株式市場全体の状況についても見ておく

陰線ケツ上げ
この相場の特徴は、①売り物が多い、②多い売り物を買い方が消化して、徐々に安値が切り上がっていること。買い方のエネルギーが旺盛な証拠を示している。

べきポイントがあります。
魚釣りをする際、魚影の群れが濃いところで釣竿を垂らしたほうが、漁獲量は多くなるように、当日の地合いがよいことが条件です。よい地合いとは、株式市場の取引が活発で、資金が潤沢に流れ込んでいる状態のことです。
前日に明日の地合いを予想しておき、当日の相場の最中にも繰り返し地合いを確かめることが大切です。私の経験則に基づいて、よい地合いの具体的なポイントを、国内市場と海外市場の状況に分けて挙げます。

【国内】

①東証売買高※が増加傾向にある。
②東証売買代金※が増加傾向にある。
③日経平均株価が週足で安値、高値とも切り上がっている。
④日経平均株価が月足で安値、高値とも切り上がっている。
⑤騰落レシオ※が１００〜１３０％の範囲内にある。
ただし、１２０％以上は過熱感も出て、今後、相場急落のおそれがあります。逆に、70〜80％を下回ると、反転の可能性が高いです。
⑥主要3市場（東証、大証、名証）の週間信用取引残高※の買いが増加し、売りが減少し

東証売買高
東京証券取引所で売買された株取引の株数ベースの量のこと。

東証売買代金
東京証券取引所で売買された株取引の金額ベースの量のこと。

騰落レシオ
値上がり銘柄数と値下がり銘柄数の比率のこと。「値上がり銘柄数÷値下がり銘柄数×１００」で計算して％表示する。１００％を超えていれば、値上がり銘柄数のほうが多いことになる。

週間信用取引残高
信用取引による買い、または売りをしたまま、まだ決済をしていない株数のこと。未決済の買いの株数を「信用買い残」、未決済の売りの株数を「信用売り残」と言う。主要3市場の信用取引残高をまとめたものを「市場信用取引残高」と言い、相場全体の状態を判断する材料になる。

ている。

⑦週間の信用倍率※が上昇している。

信用倍率の高さは、人気の高さを表しています。信用倍率が上昇すると、人気が出てきている証拠です。しかし、倍率が高いほど、信用買い残を解消する売り需要が増えます。反対に、倍率が低ければ、信用売り残を解消する買い需要が増えます

3倍以上は相場が上げ渋る可能性が高く、1倍以下は下げ渋る可能性が高くなります。

⑧週間の信用取引評価損率※の状況を見る。

マイナス3％程度で相場が天井を打つ可能性が高く、逆に、マイナス10～20％で相場が底を打つ可能性が高くなります。

【海外】

①米国ニューヨーク市場※が上昇している。

ただし、極端な上昇や下落は市場が荒れている可能性があるので要注意です。

②外資系証券会社の注文状況※が大幅な買い越しである。

日本の株式市場は、外国人投資家の投資比率が過半を占め、彼らの動向が市場を左右します。そこで、外資系証券会社の大幅な買い越しは、彼らが投資に積極的なことを示しているので、日本市場に好影響が期待できます。

信用倍率
信用取引の「信用買い残」と「信用売り残」の比率のこと。「信用買い残÷信用売り残」で計算して何倍で表示する。1倍を超えていれば、信用買い残のほうが多いことになる。

信用取引評価損率
信用取引をしている投資家がどのくらい含み損、含み益を抱えているのかを％表示した指標。だいたい0～マイナス20％で推移していて、マイナスにいくほど含み損が多い状況になる。

米国ニューヨーク市場
ニューヨーク・ダウとナスダックの株価の前日比を見る。

外資系証券会社の注文状況
ロイターなどの金融に強いニュースメディアの報道で知ることができる。

もし、当日の地合いや寄り付きが、自分の想定していたものと違っていた場合は、自分の目標株価（予想している株価）通りに相場が動かない可能性があります。

その場合は、自分のキャッシュポジション（手元資金）を確認しながら、その日に予定していた投資額を見直す柔軟さを持つことが必要です。

また、当日の相場が、自分があらかじめ想定していた状況とあまりに違っていたりして、理解できないとか、ついていけないと感じる地合いや寄り付きだったら、売買タイミングではないと考えて様子見をしましょう。

・当日もう一度、週足、日足チャートを検証してから取引に臨む。

・当日の地合いや寄り付きが想定外の場合は、取引を再考する。

4-2 相場は強気でいけ！

強気の性格のほうがよい結果を出せる理由

株式投資で成功しやすいのは、強気の性格の人だと私は考えています。強気の人のほうが本番に強くて、結果を出しやすいからです。

でも、強気の人ばかりではないのも事実。ここでは、弱気の人が相場で強気になるための方法について説明します。

強気のほうが成功しやすいと考える理由は、同じようなレベルの知識、分析能力を持っている2人の弟子の戦績を比べた場合、強気の弟子のほうがかなり戦績がよいのを見てきたからです。

プロ野球の世界でも、ブルペンでは素晴らしい球を投げるのに、本番の試合ではまるでダメという投手もいますし、逆に本番ではブルペン以上の実力を発揮できる投手もいますが、強気、弱気の性格の差が大きいのだろうと思います。

株式投資に話を戻すと、強気の人は、物事をシンプルに考えることができ、決断力に優れているので、相場で成功しやすい。つまり、売買のタイミングが適切で、利益を出しやすいのです。

逆に、弱気の人は、物事を複雑に考えすぎて、優柔不断で決断力がないので、売買のタイミングが不適切で、利益を出しにくいのです。

仕掛けのルールを決めて決断力を持つ

性格が弱気だとしても、株式投資の成功体験がどんどん増えれば、自然と強気の姿勢が身につくものです。

でも、なかなか成功しないという弱気の人には、次の2つの対応策を挙げます。私が弱気でうまくいっていない弟子にアドバイスしていることです。

①株式投資に成功して資産を増やすぞという強い気持ちを持つ。

②最低でもこれだけ守れば大丈夫という「仕掛けのルール」を決める。

①は心持ちの話なので、もちろん売買に影響を与える大切な要素ですが、ここで覚えてほしいのは、②の仕掛けのルールです。仕掛けのルールを決めると、弱気から来る雑念や決断の遅れを防ぐのにとても役立つからです。

仕掛けのルールは、本書で私が説明している次の7つです。「これだけ守ったのだから大丈夫」と考えることで、実際の相場で確信を持って行動できるのです。

①週足でよいチャートを見つけてから、日足で仕掛ける場所を探る※（↓P48）。
②株価が日足で「上値の節」を抜き、「N」「T」などのチャートパターンを形成した銘柄を狙う（上値の節↓P100）。
③できるだけ押しの浅い※銘柄を狙う。
④株価が「上値の節」より上がったら、「下値の節」に変わって、株価の下限となる（下値の節↓P101）。
⑤株価が「下値の節」より下がったら、ロスカットする。
⑥買った株が上昇したら、値幅測定法で上昇幅を計算する（↓P172）。
⑦地合いが変化したら、すみやかに売却して次のチャンスを待つ。

・相場の分析がしっかりできているなら、売買は強気で。
・弱気の人は仕掛けのルールを決めて判断ミスを防ぐ。

仕掛ける場所を探る
買うタイミングを見極めること。

押しの浅い
直近の株価の下落幅が小さいこと。

4-3 買い時がわかる板状況の見方・読み方

板に対する誤った考えをリセットする

株式市場での売り買いの注文が書かれた「板」の状況を、「板状況」と言います。ここでは、株の買い時がわかる板状況の見方を説明します。

一般に、板状況の見方はこう考えられているようです。左ページの左図のように、1000円で売り10万株、990円で買い20万株と表示された場合は、「下値に買い物が多いので、株価は上がりそうだ」と判断する。

逆に、1000円で売り20万株、990円で買い10万株と表示された場合は、「上値に売り物が多いので、株価は下がりそうだ」と判断する。

このように、売り物より、買い物が多い板状況のほうが、何となく安心感があるし、下値で買い物が多いと、これから株価が上昇すると考えがちです。

でも、このような考え方は間違っています。「株は安いときに買って高いときに売る」

間違った板状況の見方

売数量	気配値	買数量
10万株	1000円	
	⋮	
	992円	2万株
	991円	3万株
	990円	20万株

下値に
買い物が多い

~~何となく株価が上がりそう~~

売数量	気配値	買数量
20万株	1000円	
5万株	999円	
3万株	998円	
	⋮	
	990円	10万株

上値に
売り物が多い

~~何となく株価が下がりそう~~

という誤った発想から来ているのだと思いますが、こうした考え方では、相場を見誤ってしまう危険があります。

あなたが買い物に行くスーパーマーケットを想像してみてください。

スーパーの建物がいくら立派でも、店内に売り物（商品）がわずかしかなければ、買い物客は集まりません。

逆に、露天の青果売り場でも売り物がたくさんあれば、買い物客はたくさん集まりますね。

供給が豊富なことが重要なのは、株式市場でもまったく同じです。

売り物がない銘柄に、買いは入りませんから、**今後、買いが入って株価が上昇する銘柄の板状況とは、売り物が充実していることなのです。**

＋板の下値に買い物が多い場合、何が起こるか？

それではどのような板状況がいいのでしょうか？

前提となる認識として、後ほど詳しく書きますが、銘柄を本当に買いたいと思っている投資家は、他の人がそれとわかる買い物は出さないのが普通です。

そのうえで、板の下値に買い物が多い状況を考えてみます。

まず、「下値に買い物を出す」という投資家の心理には、次の2種類が考えられます。

①現在の高値では到底買えないが、下値で買えれば儲かるのではないか、という弱気の心理。

②下値に買い物を入れることで、売りたい人に対して「相場はそんなに下落しませんよ」というメッセージを送りたい心理。

それでは、下値に買い物を入れている投資家が、株価が成行※の売りなどの売り物に押されて下がってきたときに、どういう行動を取ると考えられるでしょうか？　左ページの図を見てください。

①弱気の投資家

「下値の安いところで買って、現在の高値で売れれば儲かる」と考えて、板の下値に買

成行
「何円でもいいから売り」「何円でもいいから買い」という注文のことを成行注文と言う。価格では不利になるが、すぐ決済できるメリットがある。

板の下値に買い物が多い状況

売数量	気配値	買数量
10万株	1000円	
	995円	5万株
	994円	2万株
	993円	1万株
	992円	1万株
	991円	2万株
	990円	20万株

下値に買い物が多い

↓

成行の売りなどの売り物に押されて、1000円だった株価が下がってくる

↓

売りが優勢になり、さらに株価が下落していく！

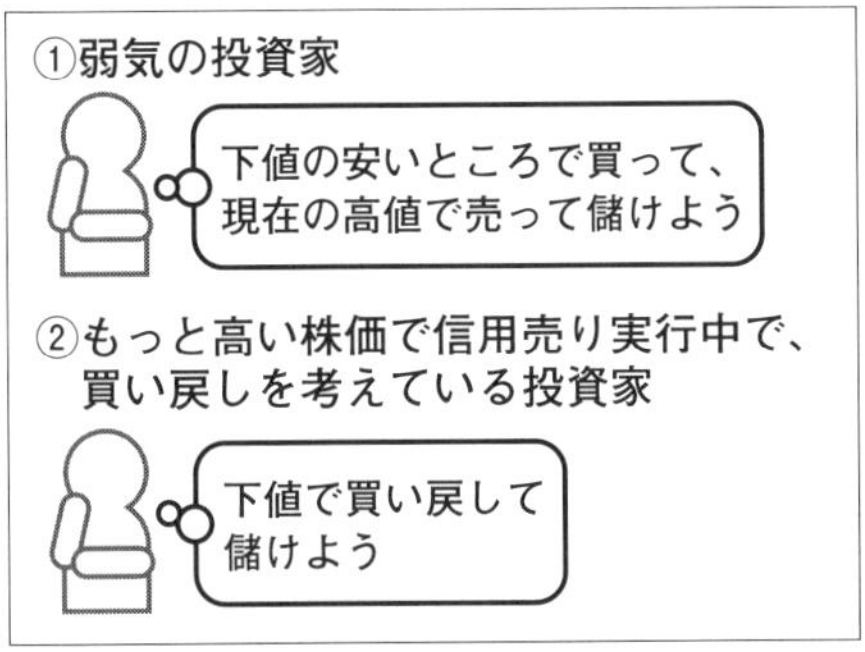
①弱気の投資家
下値の安いところで買って、現在の高値で売って儲けよう
②もっと高い株価で信用売り実行中で、買い戻しを考えている投資家
下値で買い戻して儲けよう

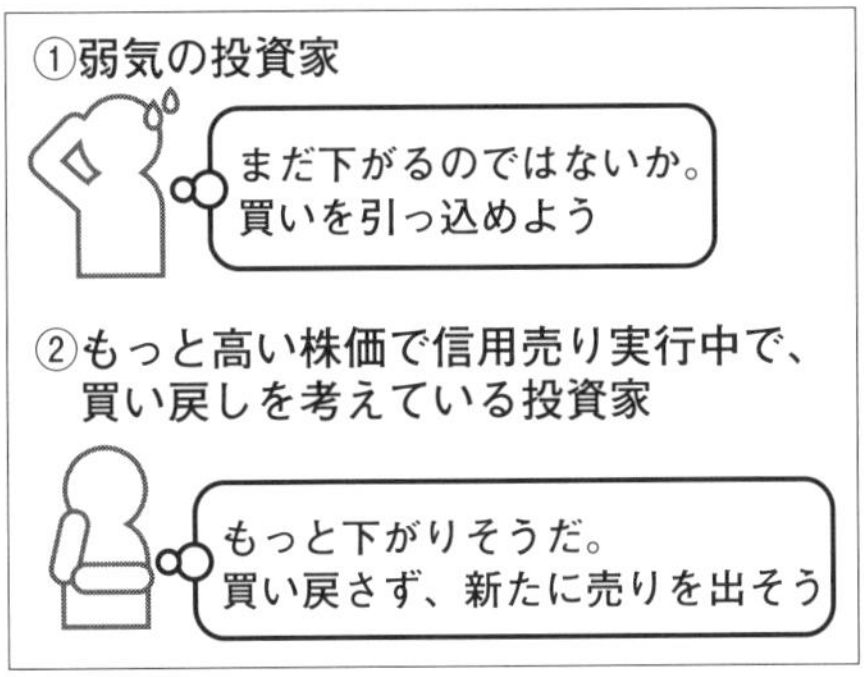
①弱気の投資家
まだ下がるのではないか。買いを引っ込めよう
②もっと高い株価で信用売り実行中で、買い戻しを考えている投資家
もっと下がりそうだ。買い戻さず、新たに売りを出そう

い注文を出していました。しかし、目論見が外れて株価が下がってきてしまったため、「まだ下がるのではないか」と考えて、あわてて買い注文を引っ込めます。

②もっと高い株価で信用売りを実行中で、買い戻しを考えている投資家

買い戻しの株価の目安を下値において、板の下値に買い注文を出していました。株価が下がってきたので、「もっと下がりそうだから、買い戻さず、新たに売り注文を出そう」と考えます。

板で、時価（現在の株価）よりも安い下値に買い物が多いとき、こういう状況が想定されるのです。

ですから、株価が下がってくると、下値の買い物は逃げ水のように消えていき、株価はさらに下落してしまうことがよくあるのです。

＋板に売り物が多い状況は、株価上昇が期待できる

次に、板の上値に売り物が多い状況です。左ページの図を見てください。

この銘柄は、1000円まで買い進められていないので、上値の売り物はまだ売れていません。

そんなとき、銘柄が買い進められて、株価が1000円に近づいてきたとします。出来高もともなっていれば、「もっと上昇するのではないか」と考えた投資家は、売りを

板の上値に売り物が多い状況

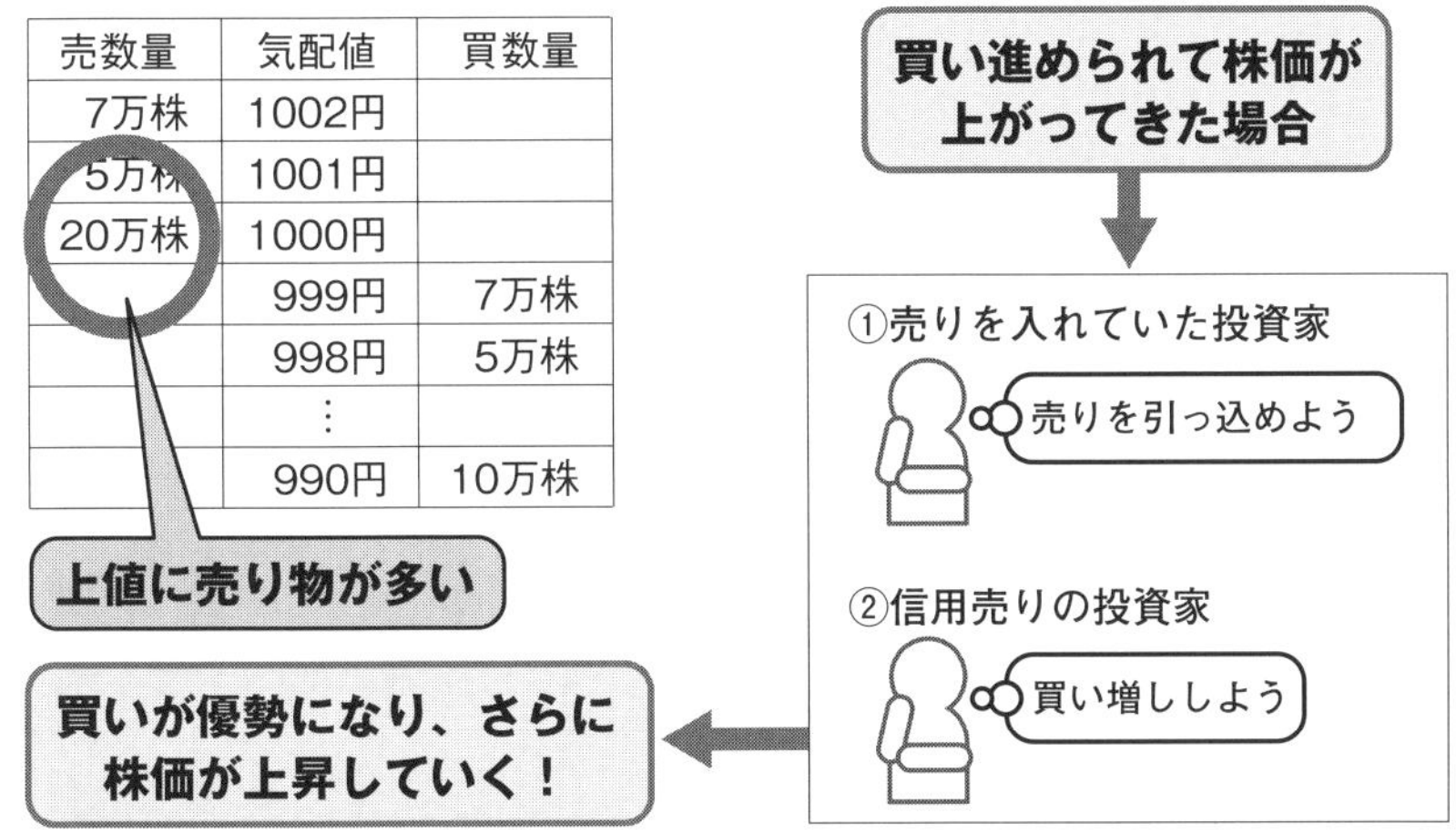
上値に売り物が多い
買い進められて株価が上がってきた場合
①売りを入れていた投資家
売りを引っ込めよう
②信用売りの投資家
買い増ししよう
買いが優勢になり、さらに株価が上昇していく！

売数量	気配値	買数量
7万株	1002円	
5万株	1001円	
20万株	1000円	
	999円	7万株
	998円	5万株
	⋮	
	990円	10万株

引っ込めます。さらに、信用取引の売り注文も買い増しに動く可能性があります。

先に述べたように、通常、ある銘柄を買いたいと思っている投資家は、他の人にそれとわかる買い物は出しません。

そうではなく、そっと板にある売り物を拾って買っていくのです。

ですから、指値の売り物が多ければ多いほど供給が潤沢なので、銘柄を買いたい投資家は実際に買うことができ、株価は上昇していきます。

反対に、板に売り物がない（供給がない）状況では、株価上昇自体が無理なのです。

だから、上値にあるとしても、板に売り物が多い状況は、株価上昇が期待できると言えるのです。

板に出ている売り物がこっそり拾われ、買われていく

株価を上昇させる原動力は「買い」にありますが、個人投資家も機関投資家も「買い」にあたって次の2つを重視します。

①売り物が潤沢にある

Aという銘柄が将来上昇すると考えた場合、Aを買いたいと考え、売り物が潤沢にあれば、Aに買いを入れます。しかし当然、Aの売り物がなければ、買いたくても買えない状況なので、買いは入れません。

②できるだけ安く大量に買う

特別な情報を持っていたり、綿密な会社研究をしたりして、「この銘柄は安い」と判断して買おうと決めていれば、できるだけ安く大量に買いたいと思うものです。

①と②を踏まえて言えるのは、先ほどの繰り返しになりますが、**ある銘柄の株価が上がるという情報を持っている投資家は、株価の下値において、あなたが板を見てそれとわかるような買いを持つ（買い注文を出す）ことなどない**ということです。

なるべく他人には買わせないように、板に出ている売り物をこっそりと拾って買っていくのです。

そして買いが加速していくと、板の上値にある売り物もたくさん買われて、株価は大

板の下値に買い物が多い状況①

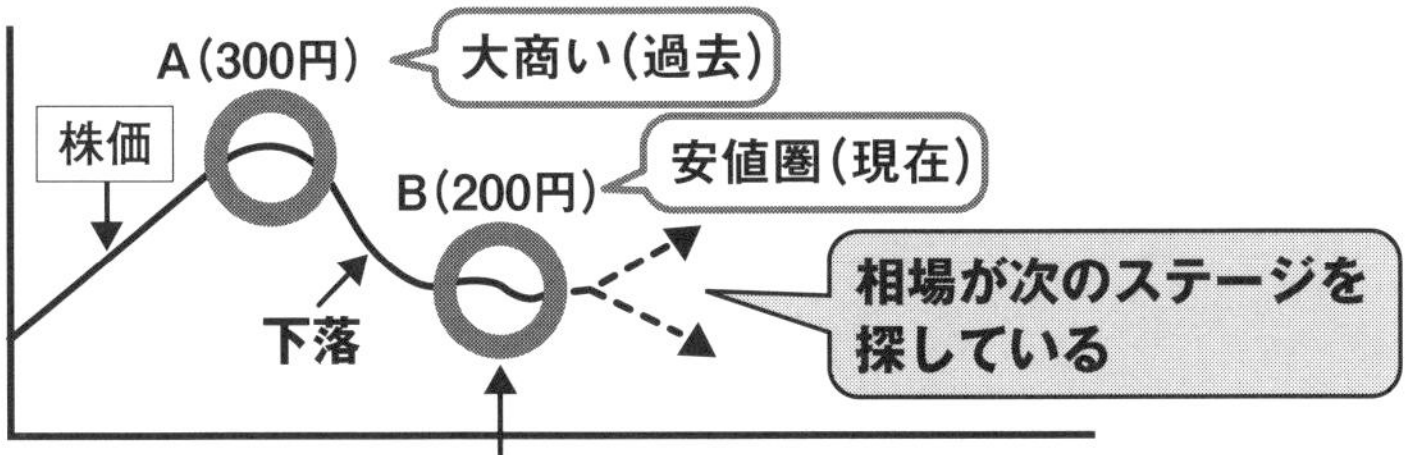

売数量	気配値	買数量
8万株	204円	
3万株	203円	
15万株	202円	
5万株	201円	
	200円	10万株
	199円	20万株
	198円	30万株

上値にも売り物が多い

下値で買い物が多い

きく上昇していきます。ですから、**板状況で上値の売り物が充実している銘柄は、株価上昇のチャンスが大きい**のです。

＋ 板の下値に買い物が多いときは相場が弱い証拠

下値に買い物が厚く入っている板は、次の2つの相場のどちらかだと考えられます。

①上の図のように、少し前、相場がいまよりも高い株価Aで大商いをこなし、その後、株価が下落して安値圏Bに入って、板の下値で買い物が多くなっています。その銘柄の相場が次のステージを模索しているところであれば、板の上値にも売り物があるはずです。

②146ページの図のように、ある銘柄の株価が下落を続けて安値圏Aまで下げた

板の下値に買い物が多い状況②（株価が280円のとき）

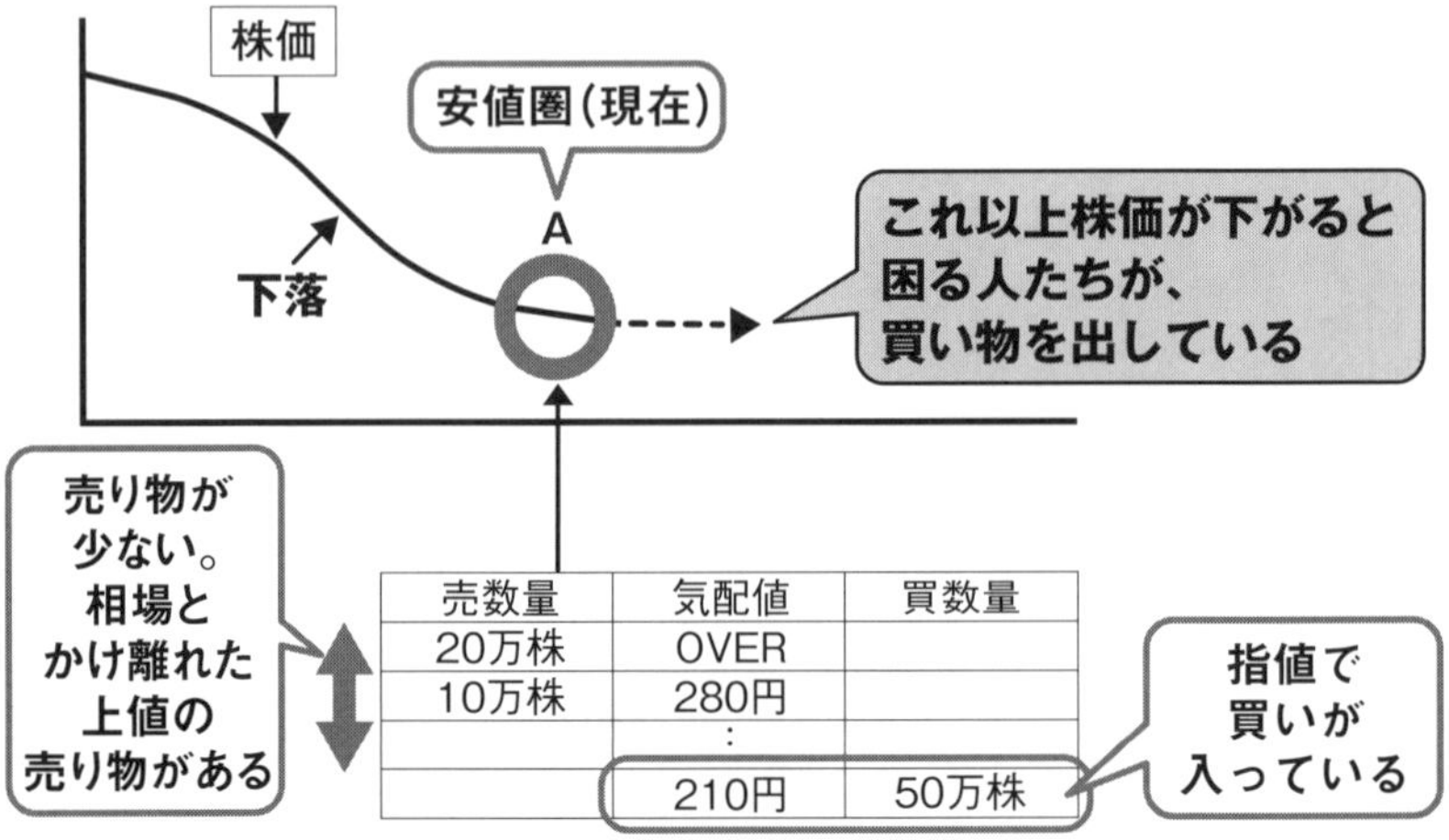

売数量	気配値	買数量
20万株	OVER	
10万株	280円	
	：	
	210円	50万株

相場で、これより下がると困る人たちが、下落をくい止めるために、板の下値で買い物を出しています。この場合、板の上値に売り物が少ないか、あるいは、かけ離れた上値に売り物があることが多いです。

①と②に共通しているのは、「相場が弱い」ということで、板状況を見ても、今後の株価上昇のきっかけを探ることはできません。

繰り返しますが、**株価上昇のチャンスがある銘柄の板状況とは、上値の売り物が充実していること**なのです。

ところで、証券会社や証券取引所の関係者の中にも、買い物だけが株式相場にとってよい、売り物は相場を下げる悪だ、という誤った考え方があるようです。

そのため、新規公開銘柄や金融機関の株の売りに対して、規制をかけることがよくあります。

しかし、先ほど説明したように、売りは市場に供給を作っているわけですから、それをストップさせることは、株式市場の価格形成メカニズムをゆがめ、取引のエネルギーを奪っていることになります。

・板の売り物の少ない銘柄には手を出さない。
・板の上値に売り物が多い状況は、株価上昇が期待できる。

4-4 相場を正しく読んで買い時を逃すな！

相場を見極める7つのポイント

株鬼流株式投資の秘訣は、上昇中の株を買ってさらに高い株価で売ること。そのためには、株価上昇のタイミングをしっかりつかんで、買いを入れる必要があります。ここでは相場を正しく読み、買い時を逃さないための7つのノウハウを教えます。

①大幅高の翌日の寄り付きは、安くても信頼できる。

大幅高の翌日は、利益確定の売りがたくさん出て、安く寄り付く※場合が多いことを、頭に入れておいてください。

前日の終値に比べて、売り気配の出ない※安い寄り付きをしても、出来高が多く利益確定の売りを消化したうえでの株価なら、信頼して買ってよいと思います。

逆に言えば、大幅高の翌日の寄り付きが買い気配を出して※高値をつけた場合、出来高

安く寄り付く
前日の終値よりも始値が安いこと。

売り気配の出ない
板に大量の売り注文が入っていないこと。

買い気配を出す
板に大量の買い注文が入っていること。

寄り付きの判断の仕方

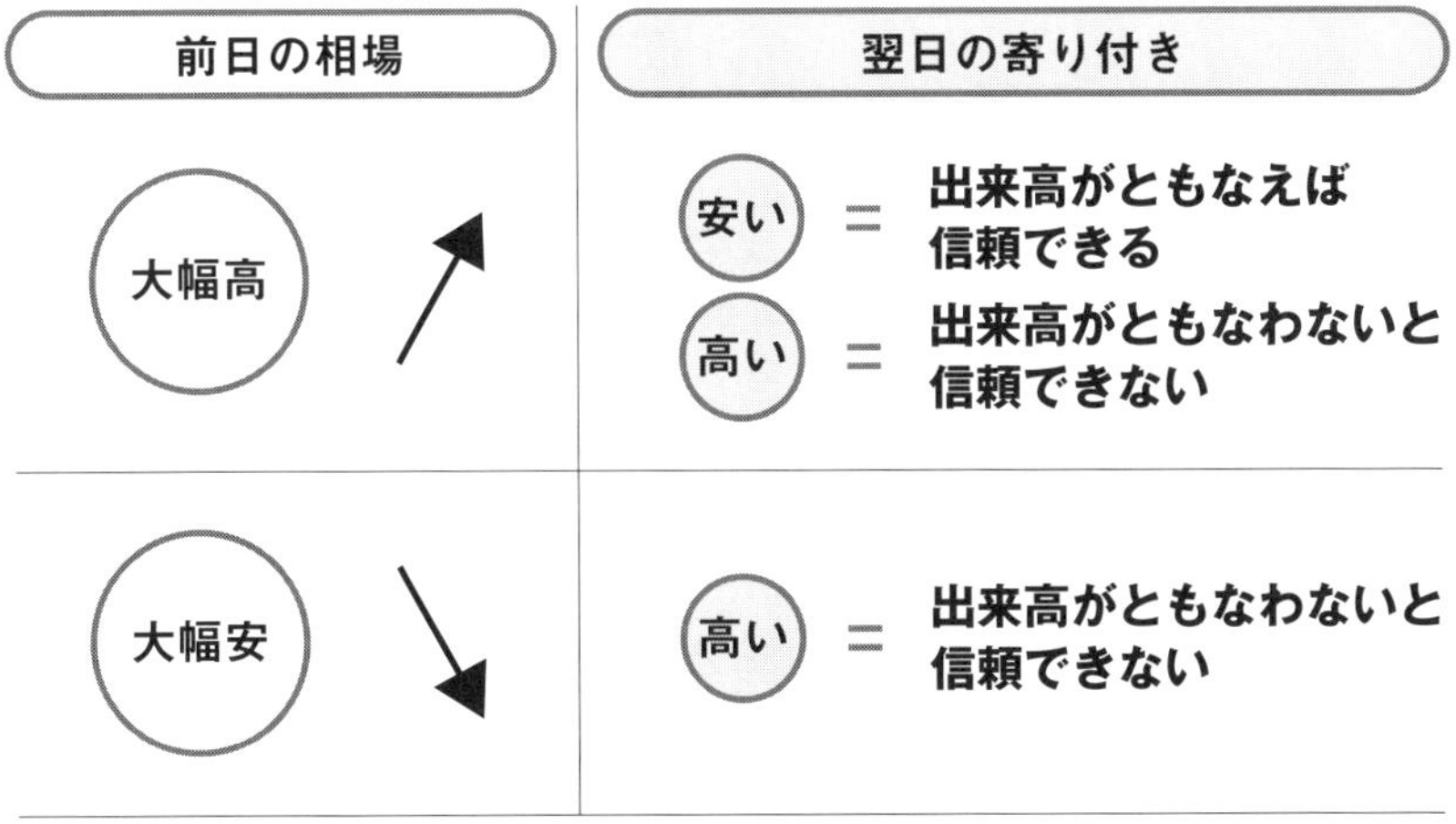

前日の相場	翌日の寄り付き
大幅高 ↗	安い = 出来高がともなえば信頼できる 高い = 出来高がともなわないと信頼できない
大幅安 ↘	高い = 出来高がともなわないと信頼できない

が少ないときには、まだ利益確定の売りを消化していない場合があります。その後続々と売り物が出て株価が下落していくことがよくあり、買うタイミングに注意が必要です。

②大幅安の翌日の出来高がともなわない高い寄り付きは、信頼できない。

前日の大幅安で、安さだけに惹かれた投資家の値《ね》惚《ぼ》れ買い※の可能性が高いからです。投資家が株価を「高い」とか「安い」と感じるのは、自分の感覚に頼って判断しているだけで、絶対的な株価の基準ではありません。

まして、一昨日まで高かった株価が昨日、大幅安になったりすると、「安い」と考えてしまう投資家が現われて買いを入れ、翌日の寄り付きが高くなることが

値惚れ買い
相場の状況をよく考えず、単純に、値段の安さだけに惹かれて株を買うこと。

窓を開けた形での安い寄り付きは悪い兆し

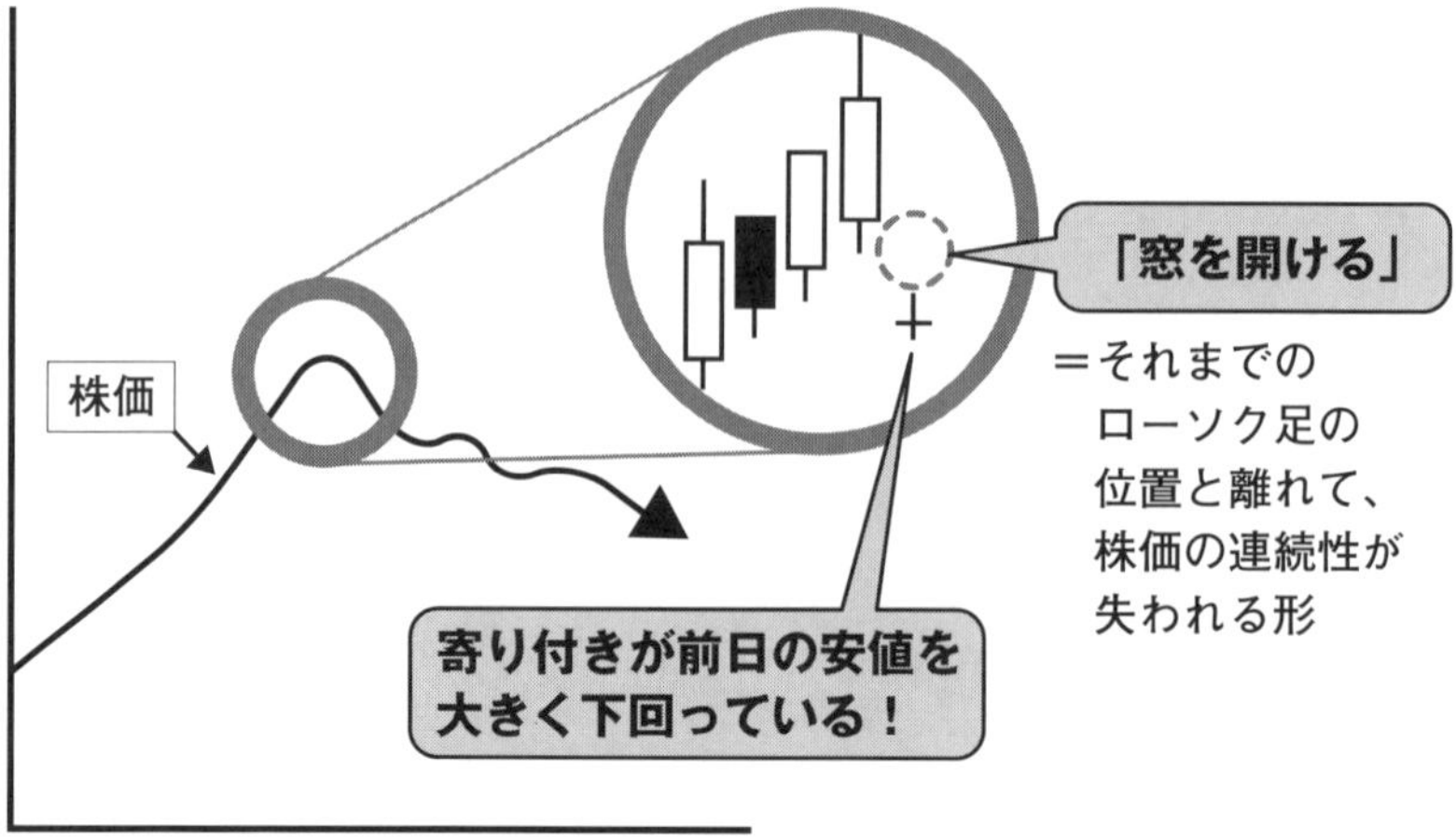
株価
「窓を開ける」
＝それまでのローソク足の位置と離れて、株価の連続性が失われる形
寄り付きが前日の安値を大きく下回っている！

あります。

でも、値ごろ感だけで判断した買い物は、相場のトレンドを変えるだけの買い物になることは少ないので、出来高がともなわず、株価上昇が続くかどうかは疑問です。

③窓を開けた形での安い寄り付きは悪い兆し。

上昇中だった銘柄の寄り付きが、前日の安値を大きく下回ったら、注意が必要です。

チャートを見ると、上の図のように、前日と当日のローソク足の間に空きができる、いわゆる窓を開けた形※になっていて、株価の連続性が失われています。これは、上昇トレンドの転換を意味しますから警戒が必要です。

窓を開ける
隣どうしのローソクの上下の間隔が離れてしまっていること。上の図を参照。

流通性に問題がある板

高すぎる価格帯に売り物がたくさん

売数量	気配値	買数量
10万株	OVER	
5万株	600円	
1万株	580円	
1万株	550円	
	500円	5万株
	495円	1万株

現在の株価

指値の売り物が現在の株価から乖離した値段にしかない

売数量	気配値	買数量
1000株	9100円	
5000株	9000円	
2000株	8900円	
	8800円	5万株
	8700円	3万株

現在の株価

売り物が少なすぎる

売り物が少なすぎて、投資対象にできない！

④板で売り物と買い物の入り具合いを見る。

ザラ場※中に株価の値動きがパッタリと止まってしまう銘柄というのは、流通性に問題があると考えます。

その1つ目の原因は、そもそも売り物自体が少ないこと。右上の図のように、売買しようにも売り物が少なすぎる場合、買い方の動きが止まります。

2つ目の原因は、指値《さしね》※の売り物が現在の株価から大きく乖離した値段にしかないこと。左上の図のように、現在の株価500円に対して、指値の売り物は、それよりもずっと高い価格帯にあるようなケースです。

しかし、152ページの図のように、板を見て、現在の株価の上下5ポイント

ザラ場
寄り付きと引けの間の時間帯のこと。ザラにある相場という意味。

指値
「1600円で売りたい」などのように、値段を指定して売買注文を出すこと。

よい板の売り物と買い物の入り具合

売数量	気配値	買数量
	成行	
16,043,000	OVER	
911,000	314	
762,000	312	
1,034,000	311	
2,824,000	310	
1,649,000	309	
1,147,000	308	
1,427,000	307	
1,246,000	306	
	305	1,250,000
	304	1,345,000
	303	2,208,000
	302	1,426,000
	301	1,372,000
	300	1,887,000
	299	459,000
	298	383,000
	UNDER	5,003,000

現在の株価の下
5ポイント以上に
買い物がたくさんある

現在の株価

現在の株価の上
5ポイント以上に
売り物がたくさんある

流通性が非常によい銘柄

内に売り物と買い物が入っている銘柄なら、そうしたことは起きないと思います。

さらに、板で売り物が多い銘柄のほうが、上昇しやすいと言えます（↓P142）。

⑤寄り付きの板状況で相場の継続性を見る。

左ページの図のように、前日の出来高の20％が入っていれば、前日のトレンドが継続している証拠と考えてよいでしょう。

⑥ニューヨーク市場の悪影響に一喜一憂しない。

通常、前日のニューヨーク市場が大幅安になると、日本市場も寄り付きからはっきり下げることがあります。そんな地合いが悪いときに無理をして取引する

よい寄り付きの板状況

売数量	気配値	買数量
200,000	成行	
68,000	406	
130,000	405	
250,000	404	
80,000	403	
125,000	402	
150,000	401	
100,000	400	
	399	150,000
	398	100,000
	397	98,000
	396	250,000
	395	120,000
	394	78,000
	393	50,000
	成行	300,000

昨日の終値が400円、
出来高が120万株であった
銘柄の寄り付きの板

成行の買い物が
30万株ある

売り物が潤沢に入っていて、
30万株の成行の
買い物を吸収できる

昨日の出来高の20%の注文が入っている
→前日の相場の勢いが継続している証拠

必要はありませんが、地合いで下げるのは一時的なものと考え、ナーバスにならないことが大事です。

　また、全体の相場が悪いなかでも、上昇する銘柄はあるので、意中の銘柄の相場はチェックしておきましょう。

⑦反転上昇の兆しをつかむ。

　株価下落が続いている銘柄でも、出来高が増え、なおかつ1週間の下落率が3％以内に落ち着いてきたら、株価が下げ止まる可能性が高くなります。

4-5 PERという魔物、割安にだまされるな！

「PERが割安＝お買い得」は間違い！

「PERが割安だから買い」「PERが割高だから売り」――一般に言われている考え方をしていると、相場の大きな罠にはまってしまいます。

PERは、割安のときは、最も危険だと考えています。

PERは、株価収益率とも言い、現在の株価が割安なのか、割高なのかを判断する代表的な株価指標です。

左ページの図のように、PERは、1株当たりの利益に対して、株価が何倍になっているかを「株価÷1株当たりの利益（税引き後）」の計算式で表します。

株式評論家や株式アナリストは、PERが低いということは、業績がよいのに投資家の注目を集めていなくて株価が安い「お買い得銘柄」なので、PERが割安な株を「推奨銘柄」として紹介しています。

PER（株価収益率）の見方

$$\text{PER} = \frac{\text{株価}}{\text{1株当たりの利益}}$$

一般的にPERが高いと「株価は割高」
PERが低いと「株価は割安」とされる

大きな間違い

個人投資家はそれを鵜呑みにして、ＰＥＲを絶対的な株価指標と考えがちですが、最初に述べたように、これは大きな間違いです。

＋割高なＰＥＲ＋株価上昇が投資チャンス

私は、**株価下落期には、ＰＥＲが割安な水準にあることが多い**と考えています。

反対に、**株価上昇期には株価が先行して上昇するため、ＰＥＲが割高になることが多い**と考えています。

株価が上昇する理由は、その銘柄に関する何らかのよい材料が市場参加者に伝わって、買いが入るからです。材料が市場参加者に伝わる過程と、株価が上昇して天井をつけ、やがて下落に至って１つの相場を完了させる過程を次に説明します。この過程を考えれば、なぜＰＥＲが割高なほうが買いなのかがわかると思います。

①株価上昇初期

ある会社に最も近い関係筋や事情通が、いち早く業績好転の情報を捉えて、積極的に買いを入れてきます。まだ市場には、業績の予想数字さえ伝わっておらず、１株当たりの利益情報も低いままで計算されているＰＥＲは、超割高です。

②株価上昇中期

その会社の業績予測が、これまでの市場予測をかなり上回っていることが市場に徐々に伝わり始めます。機関投資家や外国人投資家、情報に敏感な一部の個人投資家が買いに加わり、株価は力強く上昇を開始し、出来高も膨らみます。株価は上昇しているものの、１株当たりの利益情報は業績好転の予想数字であり、予想数字は当初控え目に見積もられています。そのため、ＰＥＲはまだ割高です。

③株価天井期

好業績の数字が市場に公表されます。個人投資家を中心に、証券会社の買いも入り、出来高をともなった株価上昇が続きます。この時期、初期・中期に株を買った投資家は、そろって売りに回ります。１株当たりの利益情報は最新の高い数字で計算され、ＰＥＲ

株価とPERの関係の例

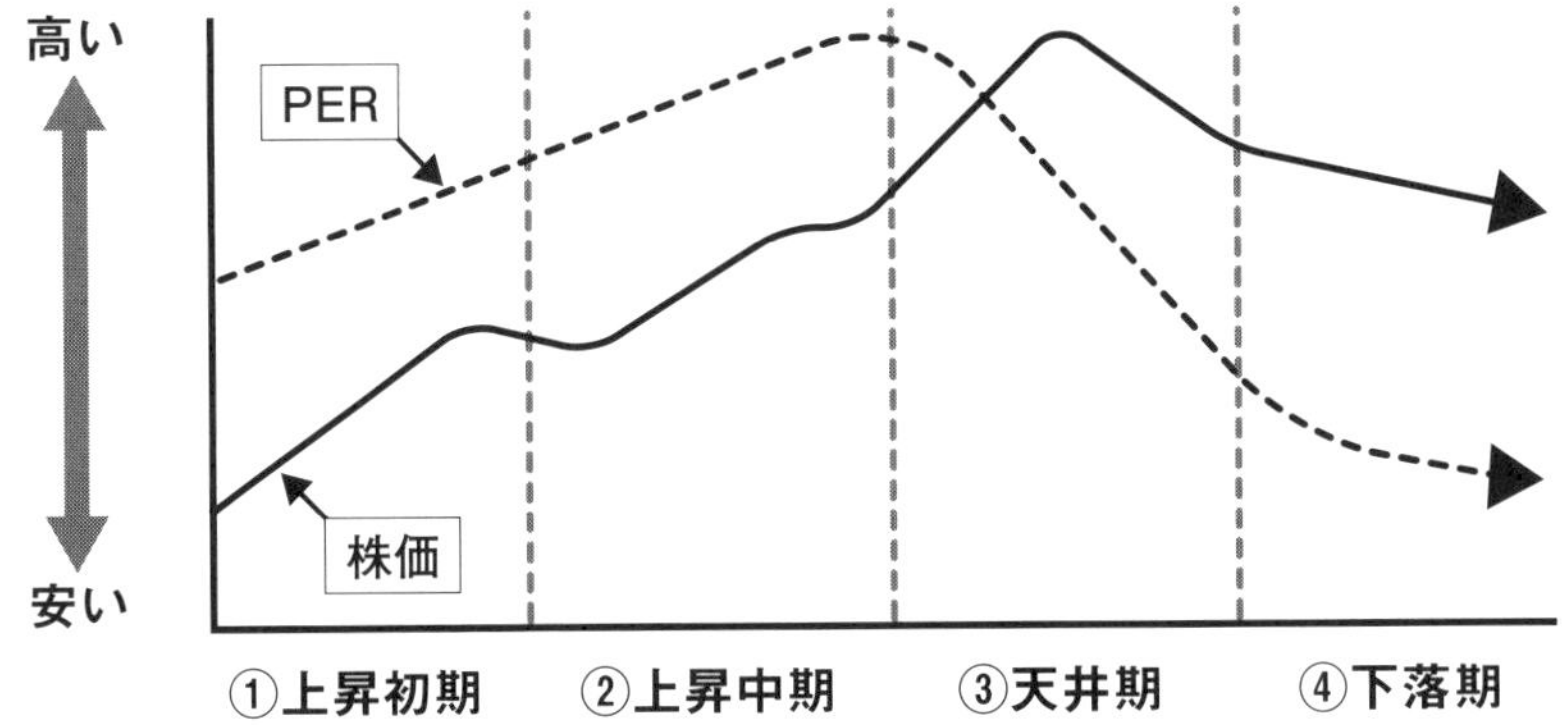

PERが割高なときに買う！

に割安感が出てきます。

④株価下落期

好業績を受けたプロの投資家の買いはほぼ収束し、買い方は個人だけになります。市場は次の材料を探し始めますが、好業績の次は、業績の伸びの鈍化見通しが強まるケースが多くなります。しかし、好業績の数字を反映したＰＥＲは、株価下落によって割安になっています。

この相場の一連の流れから言えることは、**ＰＥＲが割安になって買いたくなるときは、その銘柄の上昇相場はほぼ終了している**ので、そのタイミングで投資しても株価の大幅な上昇は見込めないということです。

ＰＥＲが高ければ現在人気がある証拠、ＰＥＲが低ければ現在人気がなくなっている証拠と考えるべきなのです。

・PERが割高で、株価が上昇中の銘柄がよい。
・PERが割安な銘柄は、人気がなくなっているので危険。

4-6 安すぎるときはまず疑え！禁断の値惚れ買い

安すぎるものには必ずウラがある

「株価が安い」という事実だけで特定の銘柄に惚れ込んでしまうことを「値惚れ」、それを理由に買ってしまうことを「値惚れ買い」と言い、株式投資で最もやってはいけない買い方の1つです。

たとえば、あなたが、いま売れ筋のニューモデルのノートパソコン（定価20万円）の新品が、露天の屋台で5万円で売られているのを見たとしましょう。店頭に見本として置かれたノートパソコンは、電源も入って正常に動いているし、ついている機能も問題ないようです。その見本はどう見ても本物だとします。

あなたはそれを買いますか？

新品のノートパソコンは、業者間で売買できますから、ニューモデルがいきなり4分の1に値崩れしたりはしません。それなのに、ニューモデルの新品が極端な安価で売られているのは、ニセ物か不良品の可能性があります。

したがって、買わずに見送るのが正しい判断です。

しかし、「そのノートパソコンが欲しい」という欲が強すぎると、現実を自分に都合よく解釈して、そのノートパソコンを買ってしまう危険があります。

株式投資においても、同じことが起こります。

さしたる大きな理由もないのに株価が大幅に下がっている銘柄は、「値惚れ」しがちですが、実は、そういうときには背後に大口の売り手が存在しています。

大口の売り手は、あなたがまだ知らないマイナス情報――たとえば、業績の大幅下方修正、海外での巨額損失、粉飾決算などをつかんでいる可能性があります。

本当は会社が即座に公表しなければならない悪い材料なのに、いまは会社が必死で隠していて、ごく一部の投資家しか知らないという状況が考えられます。

そんな銘柄は値惚れ買いなどせず、パスするのが正しい選択です。

＋安物買いは銭失い

会社に所属している経営陣、社員やその家族、取引先などは、一般の投資家が知らない会社の実態をよく知っています。

また、インサイダー取引に該当する特別な情報ではなくても、何となく雰囲気で会社の悪い状態を感じ取ることができる立場の人たちもたくさんいます。

こうした人たちの中には、自分の利益に目ざとい人たちもたくさんいて、悪い情報をつかむと株を売り始め、株価が大きく下がっていくという局面がよく起きます。

しかし、そんな悪い情報を知るよしもない一般の投資家は、「株価が安い」という事実だけでつい買ってしまうのです。

株価が安すぎると感じたときは、まず疑うことを習慣にしてください。「安物買いの銭失い」という格言がありますが、投資の世界でも同じことが言えます。株価の裏側には、発行体である会社の内部事情が常に反映されているのです。

株価が安すぎるときには、悪材料がないかまず疑ってかかる。

4-7 小さな材料がたくさんあるより、大きな材料が1つあればいい

材料が大きいほどよい

株価が上昇する過程で、「材料」がたくさんあるほうが安心すると言う投資家がよくいますが、それは間違い。材料は大きくて魅力的なものが1つあるほうがよいのだと私は考えています。

株は、将来への期待で買われ（期待買い）、将来への失望で売られる（失望売り）というのが基本です。

材料とは、投資家の期待や失望を生む情報で、株価を大きく動かす元になるものです。株価を上げるよいニュースは「好材料」、株価を下げる悪いニュースは「悪材料」と言います。

株価が上昇しているとき、どんな材料を理由に買われているのか、投資家はその理由を探します。そして、その材料が買うに値すると判断すれば、買いに加わります。

ですから、株価上昇の背景にどんな材料があるのかを見抜くことが、その株価上昇がどこまで続くか予想することに役立つのです。

材料はすぐに実現しなくてもいい夢がよい

材料の数は少ないほどよい銘柄です。そして冒頭に述べたように、**大きくて魅力的な材料がたった1つだけあるのが、最良である**と考えています。

材料が1つだけで、それが大きくて素晴らしい場合は、市場の期待感は大きく膨らみます。たった1つの材料の中身は、「こうなったらいいな」という投資家の「夢」であるのがベストです。なぜなら、夢はすぐに実現しなくてもいい材料なので、相場上昇が長く続くからです。

ただし注意点として、材料に対する市場の期待感があまりに大きいと、材料が発表されたときの株価が最高値だったということになりやすいです。

これとは反対に、材料が多い銘柄とは、株価を大きく上げるに足る大きな材料がない銘柄だと考えてください。

売るために、ある銘柄を大量に保有している株主がいると、銘柄がなかなか人気化しないときに、次々と材料を考え出します。

なぜなら、1つ1つの材料が期待を持たせるに足りないため、数で勝負したいからです。こうした材料の多い銘柄ほど、相場が長続きしないことが間々あるのです。

・材料は大きくて夢のあるものがベスト。

・期待が大きすぎるときには、材料の公表時が株価の天井の可能性が高い。

4-8 「押し目買い」という愚行

押し目かどうかは予測できない

「押し目買いに徹して儲けなさい」と言う株式評論家や証券会社の人はよくいて、それを支持する個人投資家の数も結構いるようです。株は上昇するものだから、押し目で買って高く売れば、儲かりますよという考え方です。

しかし、押し目買いが成功するのは、銘柄の株価が一時的に下がって、また上昇するという場合です。

これまで繰り返し述べてきたように、株価が将来上がるか下がるかは、誰にもわかりません。わかるのは、「いまこの株価が出来高をともなって、上昇しているか下落しているか」という事実だけです。

だから、**いまの株価は押し目で、一時的に下落しているだけかどうかは、株価が上昇を開始して初めて確認できること**です。押し目買いを語るのは、ただの結果論にすぎないのです。

押し目買いのつもりで買ってみたら、実は押し目でもなんでもなくて、株価は買値よりもさらに下がってしまった、なんてケースはざらにあります。つまり、押し目買いが成功する保証なんてどこにもないのです。

＋押し目買いをしてしまう心理とは？

ではなぜ、押し目買いを支持する人たちがいるのでしょうか？

株価がどんどん上昇していくと、感覚的に値ごろ感が感じられなくなり、「高い」と判断して買うのが怖くなるものです。

逆に株価が下落に転じて直近の高値よりも安くなると、感覚的に値ごろ感を感じて、「安い」と判断して買いたくなるものです。

押し目買いという考え方は、そうした投資家心理をうまくフォローしているので支持されるのだと思います。

また、「株は安いときに買って、高いときに売る」という考え方が世間に流布していて、株価が下がったところで買いに入るのがよいと思われているのも、押し目買いが支持される理由だと思います。

押し目買いをする背景には、「この株価は上昇を続けるだろう」という投資家の楽観が存在しています。つまり、常に株価が上昇することを前提において、「高い」「安い」を考えるので、押し目買いという発想が生まれるのです。

株価は、「高い」「安い」ではなく、**「強い」「弱い」で判断するべき**ものです。

なぜなら、「高い」「安い」は、判断する基準を投資家の感覚だけに頼っていますが、「強い」「弱い」は、出来高の量やチャートの動きといった客観的な判断基準に拠っているからです。

上昇中の株価を「高い」と感じて買えないのは、弱気の証拠です。

押し目買いなどせず、高い株価を買ってより高い株価で売る強気で相場に臨んでください。それが株鬼流です。

＋ 時価総額と企業価値はニアイコールと考えよ

ところで、株のファンダメンタルズを重視するファンダメンタリストにも、押し目買いを語る人がたくさんいます。彼らはかなり論理的に考えて「押し目買い」を主張しています。

たとえば、ある銘柄の収益性や将来性を研究して、「株価はこれくらいの水準をつけてもよいはずだ」と適正株価を考えます。

そして、「だからいま下げている株価は安いので買いだ」と押し目買いをすすめるという具合いです。

ファンダメンタリストの株価に対する考え方の特徴は、企業価値＝時価総額と考えるところですが、これは若干間違っていると私は考えます。

なぜなら、時価総額は当然、株価×発行済株式数＝○億円というようにはっきり算出できますが、企業価値は、たとえば「4000億円〜8000億円の間」というように幅を持たせて考えるものだからです。このことから、時価総額と企業価値はイコールにはできないのです。厳密に言えばニアイコールであり、このニアを形成する株価の幅は、意外に大きいのです。

だから、ファンダメンタリストが研究を基に企業価値を金額で算出して、その金額を時価総額に置き換えて適正株価を割り出し、現在の株価に比べて「高い」「安い」と主張したところで、あまり意味がないということです。

ただし、私は、ファンダメンタリストの考え方を、頭から否定するつもりはありません。

なぜなら、株式市場にはいろいろな考え方をする人たちが多くいたほうが、市場の流動性が高まって投資環境がよくなるからです。

わざわざ押し目買いをするのは愚行である。

5

利益を最大化し、損失を最小化する株鬼流の売り方

常に最高の売り時を捉えて実行するテクニック

ザ・株鬼 THE KABUKI

5-1 儲けは強気で取れ！ 値幅測定法で早売り、安売りをなくす

大きな実現利益と小さな実現損失を目指せ

株式投資で最も難しいと言われるのが、利益確定のタイミングです。

株価が上昇しているチャートを見つけて投資しても、どこまで株価が上昇するかを予想できなければ、不安心理からちょっと株価が上昇したところですぐに利益確定（売却）してしまい、大きく儲けられないからです。

だから、ここで説明する株鬼流「**値《ね》幅《はば》測定《そくてい》法《ほう》**」を使って株価の上昇幅を予想し、高値で売ることで早売り、安売りをなくしてください。

誰でも、買った株が買値を超えて上昇してくるとうれしいものですね。でも、上昇しているときには、怖さ（投資家の不安心理）も出てきます。

「いつ売ればいいのだろう」

「早く売らなければ、また下落して損失になりはしないだろうか」

というふうに考えてしまうからです。

不思議なことに、買った株が下落しているときには、逆の心理現象が起きます。本当は心配しなければならないのに、売らない限りは損失にならないので、妙に安心してしまうというパラドックスが起きるのです。

その結果、次のような失敗をしてしまいがちです。これは、行動経済学※でも語られている、投資家心理に沿った典型的な行動です。

①確定している有利なこと（利益が見込まれる状態）は早めに実現しておきたい。
↓利益確定のタイミングが早すぎて、十分な儲けを出せない。
②将来に発生するであろう不利なこと（損失が見込まれる状態）は先送りしたい。
↓損切りのタイミングが遅すぎて、含み損を膨らませてしまう。

かくして、「小さな実現利益と大きな含み損失」という、儲からない株式投資をする人たちに共通する現象が発生するわけです。こんなことをやり続けていれば、資産増大など夢のまた夢です。

株式投資で資産を大きく増やすためには、これと反対の「**大きな実現利益と小さな実現損失**」を目指さなければいけません。

行動経済学
心理学を使って、人間の経済行動を分析する経済学の一領域。人間は、必ずしも従来の経済学が前提とするような合理的な行動を取らないことを研究する。投資の世界においても、人間は合理的な行動を取らないケースが多い。

大きな実現利益を上げるためには、「これはいける」と思った銘柄の株価が狙い通り上昇してきたとき、どこまで上がるかを想定して、早売り、安売りを防ぐことです。

そこで使うのが株鬼流の「値幅測定法」。これは一目均衡表《いちもくきんこうひょう》という有名なチャート分析手法を参考にしながら、私が誰でも使いやすいように簡略化した手法です。

一目均衡表について説明し始めるととても長くなるので割愛しますが、昭和初期に日本人が考案した手法で、いまでも中上級者の投資家に根強い人気がある手法です。

株価の上昇幅を測定する手法は、難解なものもたくさんあります。

しかし、株式相場は生き物であり、秒単位で動いています。難しい手法だと、計算が面倒で相場に俊敏に対応できませんし、相場に必要な投資の感覚が発揮できません。

株価がどの程度まで上昇する可能性があるのか予想してから銘柄を買えば、心に余裕が持てます。むやみに弱気になることもありません。

また、大きな実現利益を上げることが可能なら、投資を間違えたときは、いさぎよくロスカット（損切り）する勇気も持て、小さな実現損失になるのです。

＋ 株価上昇幅を予想する手順

左ページの図を見ながら、値幅測定法の手順を説明していきましょう。上昇幅は週足で測ります。

値幅測定法の手順

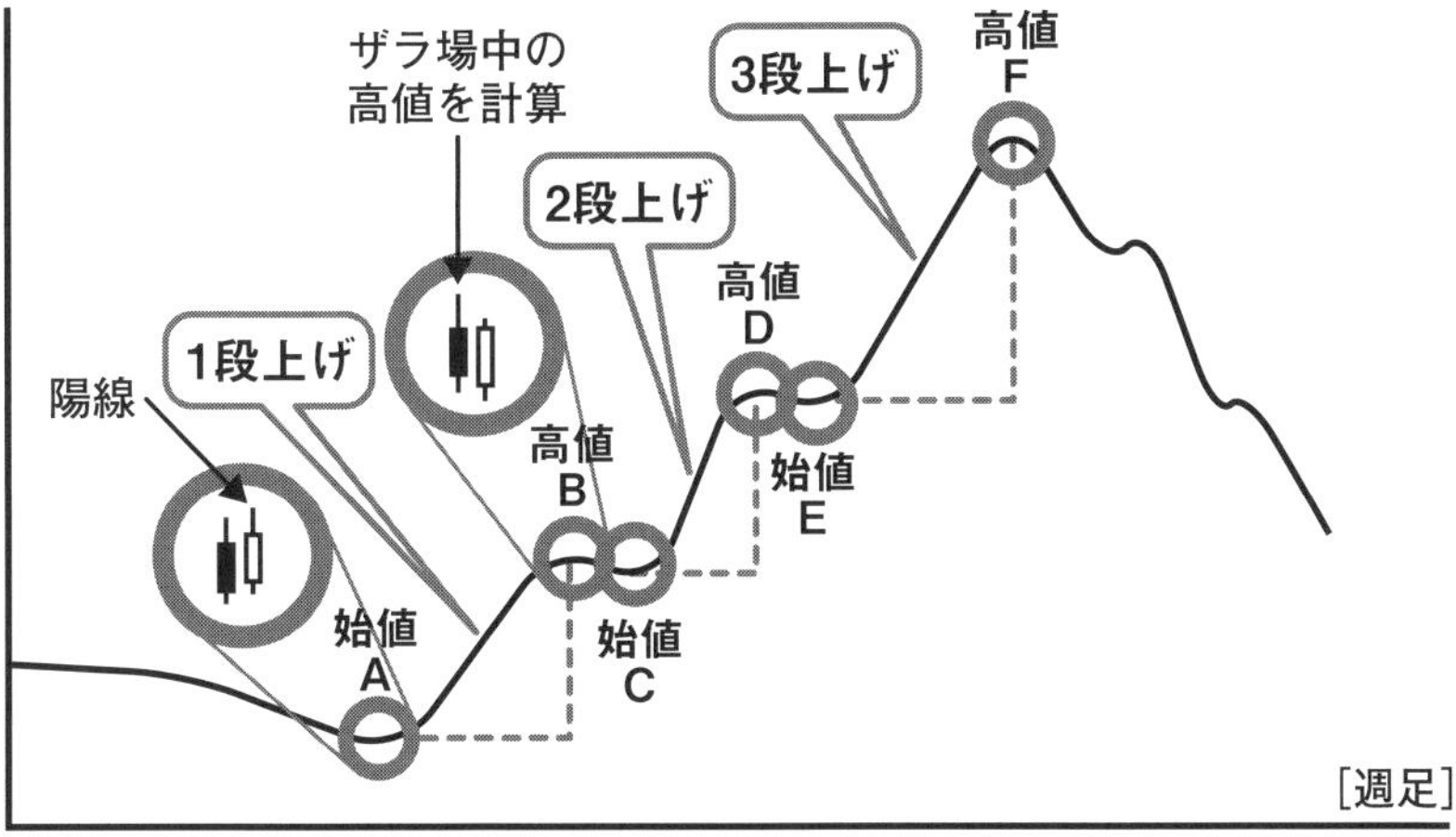

①1段上げ開始。始値をAとする。週足の始値は必ず陽線。
②1段上げの高値をBとする。高値は終値ではなく、ザラ場中の高値※を計算。
③1段上げの上昇幅＝高値B－始値A
④2段上げ開始。始値をCとする。1段上げと同じ上昇幅を予想し、目標株価＝始値C＋1段上げの上昇幅と予想。
⑤2段上げ終了。上昇幅はほぼ予想通り。
⑥2段上げの上昇幅＝高値D－始値C
⑦3段上げ開始。始値をEとする。上昇幅＝（1段上げの上昇幅＋2段上げの上昇幅）÷2×1・5～2倍と予想。
⑧3段上げ終了。上昇幅はほぼ予想通り。

私の経験上、相場は2回の上昇でエネルギーを使い果たすことが多く、3段上げは

ザラ場中の高値
チャート上の上ヒゲの部分。

多くありません。しかし、3段上げが始まったら、エネルギーは非常に大きいと考えてください。

値幅測定法のポイントはとてもシンプル。

①2段上げの上昇幅は、最低でも1段上げの上昇幅と同じ

②3段上げの上昇幅は、1段上げと2段上げの上昇幅の平均値の1・5～2倍と大きい

ということです。

ところで、買いのタイミングについて言えば、1段上げを取れたらベストですが、逃した場合でも、2段上げが開始したら、1段上げと同じ上昇幅を儲けることできると予想して、自信を持って買いに行き、2段上げ終了時点でいったん利益確定。

さらに、3段上げが開始したら、前回の上昇幅の1・5～2倍の値幅を儲けることができると考えて、これまた自信を持って買いに行き、3段上げ終了時点で利益確定します。

値幅測定法を知っているということは、安売りをなくすだけではなく、34ページで述べた「株価が割高に思えて買えず、投資チャンスを逃す」という弱気を防ぐことにもつながるわけです。

・2段上げは1段上げと同じ上昇幅を稼ぐことができる。
・3段上げは1段上げと2段上げの上昇幅平均の1・5~2倍と大きい。

5-2 値幅測定法を使って目標株価を発見せよ！

ここでは、株鬼流「値幅測定法」を、実際の相場の例に当てはめてみます。チャートを見ながら理解を深めてください。

2段上げと3段上げの相場

三菱自動車（7211）

これは、2段上げで相場が終了した銘柄です（左ページの図）。174ページで説明した手順に沿って、株価の上昇幅を見てみましょう。

①2005年8月8日の週の始値132円（A）が1段上げ開始。
②9月19日の週に高値をつけて押し目を形成。上ヒゲも入れた高値は257円（B）。
③1段上げの上昇幅＝257円－132円＝125円。
④10月17日の週に2段上げ開始。始値240円（C）。1段上げと同じ上昇幅を予想し、

三菱自動車（7211）のチャート（週足）

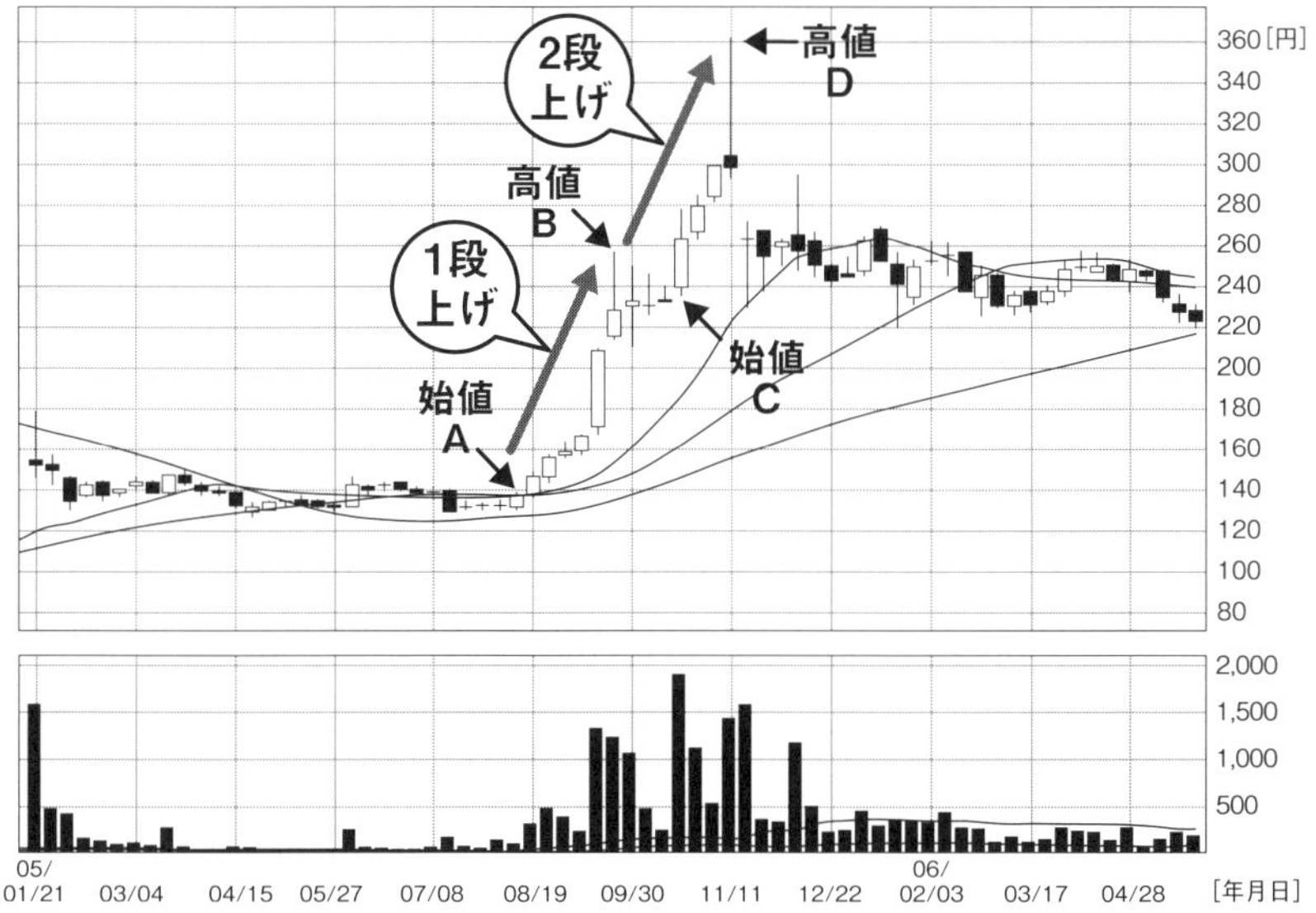

目標株価は、240円＋125円＝365円。

⑤2段上げ終了。高値は11月7日の週の363円と、ほぼ目標通りの価格をつけました。

この銘柄はこの時期、3段上げに至るほどの出来高ができず、通常の上げ相場は2段上げまで、という教科書的な相場でした。

売買について言うと、1段上げ開始時点で買い、終了時点で売っていったん利益確定。

さらに、2段上げ開始時点で再度買って、終了時点でまた売って2度目の利益確定をするということになります。

日本電工（5563）のチャート（週足）

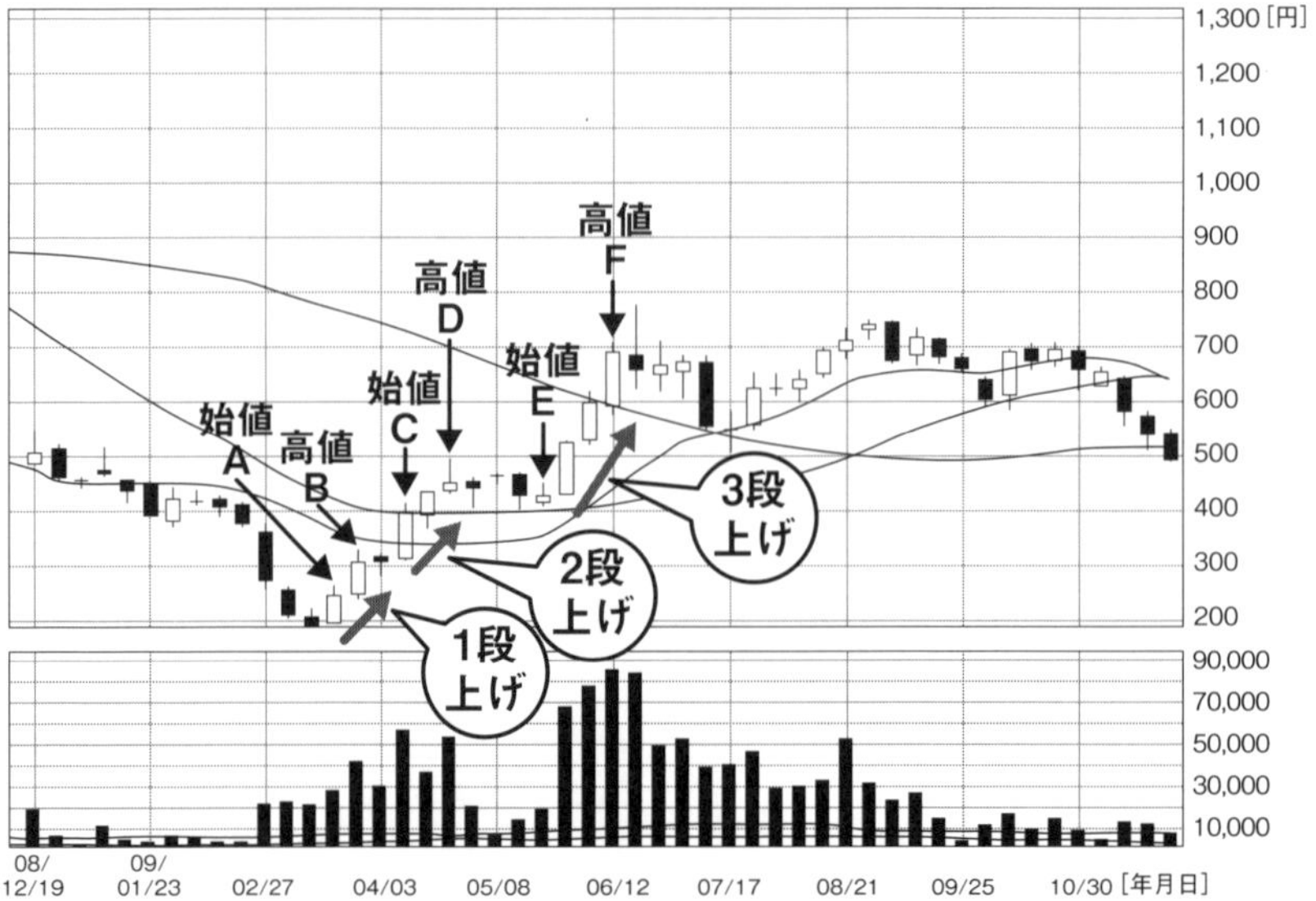

日本電工（５５６３）

これは3段上げまでいった典型的な銘柄です（上の図）。

①２００９年3月16日の週に1段上げスタート。始値１９９円（A）。

②１段上げ終了。上ヒゲまで入れた高値は３３２円（B）。

③１段上げの上昇幅＝３３２円－１９９円＝１３３円。

④４月６日の週に2段上げスタート。始値３１６円（C）。１段上げと同じ上昇幅を予想し、目標株価は、３１６円＋１３３円＝４４９円。

⑤２段上げ終了。高値は４９６円

（D）で、若干、相場が上にいきすぎていますが、許容範囲内だと思います。
⑥2段上げの上昇幅は、496円－316円＝180円。
⑦5月18日の週に3段上げ開始。始値418円（E）。1段上げ、2段上げの平均値の1・5～2倍の上昇幅を予想し、（133円＋180円）÷2×1・5～2＝234円～313円が予想上昇幅。目標株価は、始値418円＋予想上昇幅234円～313円＝約652円～731円。
⑧3段上げ終了。高値は707円（F）。目標株価の範囲内にちゃんと納まっています。

売買について言うと、2段上げ終了までは先の三菱自動車で説明したやり方と同じ。3段上げスタート時点でまた買って、終了時点で売って利益確定ということになります。

2段上げと3段上げが同時に来た相場

次の丸紅は、大きな出来高をともなって、2段上げと3段上げが同時に来た、とても強い相場です（182ページの図）。

丸紅（8002）

①2007年1月15日の週に1段上げ開始。始値589円（A）。
②2月末に1段上げ終了。高値804円（B）。
③1段上げの上昇幅は、804円－589円＝215円。

丸紅（8002）のチャート（週足）

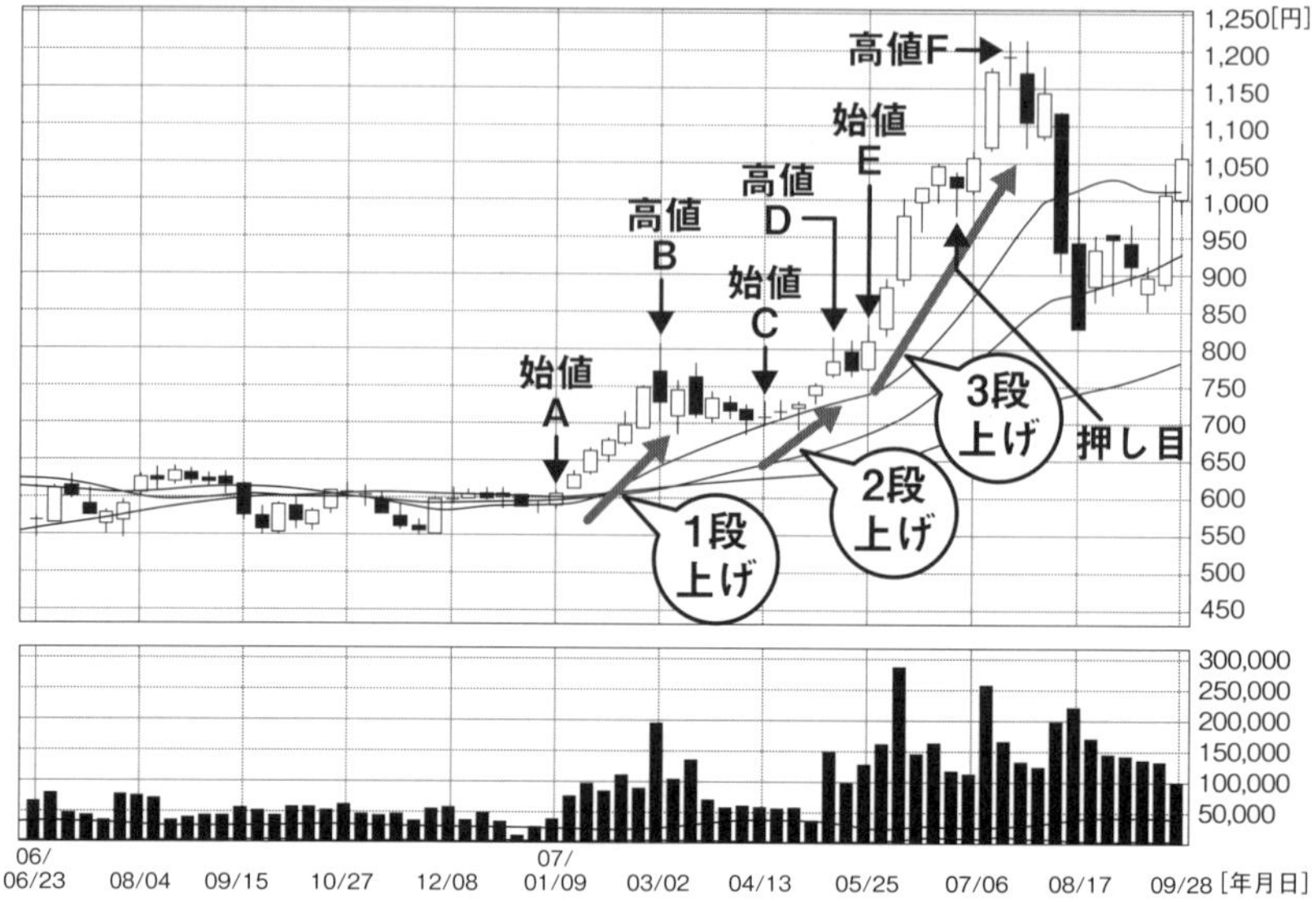

④4月第2週に2段上げ開始。始値706円（C）。

⑤5月第2週に2段上げ終了。高値814円（D）。

⑥2段上げの上昇幅＝814円－706円＝108円。2段上げの上昇幅は通常、1段上げと同じはずなのに、1段上げの半分の上昇幅しかありません。出来高の多さから判断して不審に思っていると、すぐに3段上げとおぼしき上昇が開始します。

⑦3段上げ開始。始値772円（E）。通常の3段上げの方程式に当てはめて上昇幅を計算すると、（215円＋108円）÷2×1・5～2＝242円～

323円が予想上昇幅。目標株価は、始値772円＋予想上昇幅242円〜323円＝1014円〜1095円。

チャートを見ると、3段上げの途中で押し目を作った水準が、ちょうど計算した株価水準になっています。しかし、株価はさらに上昇しました。

このようなケースは、値幅測定の計算方法を少し変えます。

まず、**2段上げの幅があまりに小さく、なおかつ出来高が多い相場は、市場の上昇エネルギーが通常の3段上げよりも大きい**と考えます。そして、「これから2段上げと3段上げが同時に来る」と考えるのです。

計算方法は、1段上げの上昇幅を2・5〜3倍して上昇幅を計算し、2段上げの始値に足します。

すると、3段上げの上昇幅は、215円×2・5〜3＝537円〜645円。3段上げの目標株価は、2段上げの始値706円＋上昇幅537円〜645円＝1243円〜1351円。実際の高値は1212円なので、かなり近い価格になります。

売買について言うと、1段上げまでは先の三菱自動車とやり方は同じ。2段上げは上昇幅が1段上げの半分だとしてもいったん売って利益確定し、出来高が多いことを見て3段上げを待ちます。3段上げ開始時点で再び買い、終了時点で売って利益確定するということになります。

5-3 ロスカットができれば、「常勝」への道はすぐそこだ

負ける金額はできるだけ小さくするのが鉄則

172ページで、株式投資において「大きな実現利益と小さな実現損失」が大事だと書きました。大きな実現利益は、先に説明した値幅測定法を使って早売り、安売りを防ぐことで生まれ、小さな実現損失は果敢にロスカット（損切り）することで生まれます。

株式投資で全戦全勝ということはありえません。どんなに優秀な投資家でも、100％勝ち続けることはないと考えておくべきです。

将棋の羽生善治氏は2007年、史上最年少の37歳で1000勝を達成しましたが、そこに至るまでの勝率は72・28％で歴代1位だそうです。

私は、羽生氏のような大天才にしても4回に1回は負けているのだから、自分が株式投資で全戦全勝できなくても気にすることはないと考え、負けたときは躊躇なくロスカットを実行します。

それに株式投資の場合は、勝率を語ってもあまり意味がありません。なぜなら、小幅な勝ちを続けても、たった1度の大きな負けで、すべてを失うこともあるからです。そんな事態に陥らないためにも、負けたときの金額をできるだけ少なくするロスカットは大切なのです。株鬼流投資法は、1つの相場で小さく負けても、全体で大きく勝つことを目指す。ですから、ロスカットの真髄は、「負けて勝つ」ことなのです。

株式投資で失敗している人は大体、適切なタイミングでロスカットができていません。典型的なのが次のようなケースです。

第1段階

買った銘柄の株価が下落して、毎日不安で、売ろうか持とうかの葛藤の日々を送ります。

第2段階

買った銘柄が安値で安定してくると、含み損を覚悟して、株価が戻ったところで売却しようと戻り相場※を期待します。

第3段階

やがて戻り相場が来ますが、戻りを待ち構えている売り方がたくさんいるので、戻り売りはとても難しいものです。かくして、絶好の売り場を逃した結果、株価は第2段階

戻り相場
下落を続けていた株価が反転上昇すること。

の安値をさらに下回っていきます。

第4段階

相場のチェックをしなくなり、大きな含み損を残したまま、塩漬け状態になります。

このケースでは、最初の第1段階で、できるだけ早くロスカットしなければいけなかったのです。

キャッシュポジションを常に潤沢にしておく

私は、**仕掛けに入るとき、「株価がいくらになったらロスカットしよう」と事前に決めておくことが大事**だと考えています。

よく、「売らなければ損は出ない」と言う投資家がいます。たしかに、理屈では、塩漬けにしている株は、会社が破たんしない限り価値はゼロになりません。

しかし、それは大きな間違いです。

株式投資で資産を大きく増やすためには、**常にキャッシュポジション（手元資金）を潤沢にしておかなければなりません**。そうしないと、上昇しそうな銘柄を見つけたときに、機動的に投資できないからです。

もし、あなたがロスカットしないまま塩漬けにしている銘柄をたくさん持っているとしたら、動かせる投資資金はとても少ないはず。これは「投資資金が枯渇している」状態で、投資家として致命的だと思います。

繰り返しますが、含み損や塩漬けは最も悪い状態。仕掛けを間違えたら、すぐロスカットするのが鉄則です。

- **早め早めのロスカットで負けをできるだけ小さくする。**
- **キャッシュポジションを確保するために含み損は作らない。**

5-4 ロスカットのタイミングの見極め方

きめ細かくロスカットラインを決める

たとえば「株価が買値から10%下がったら売却する」というように、ロスカットルールを機械的に決めて、すべての銘柄に当てはめる考え方はよくあります。

しかし、機械的にロスカットをするのは間違いだと思います。もっときめ細かくロスカットをしないと、損失は最小限にならないと思います。

損失を最小限にするなら、買値を割り込んだ時点でロスカットするべきだという考え方もあります。たしかに、1日で取引を手じまいしてしまうデイトレーダーなら、買値をロスカットラインに設定して、買値を下回った瞬間にロスカットを繰り返し、常に理想的な資金ポジション※にするのもよいと思います。つまり、手元の現金をいつも潤沢にしておくということです。

しかし、この方法は、機動的にまた新たな買いを入れていかなければならないので、

資金ポジション
投資資金の管理状況のこと。

短期のロスカットライン①

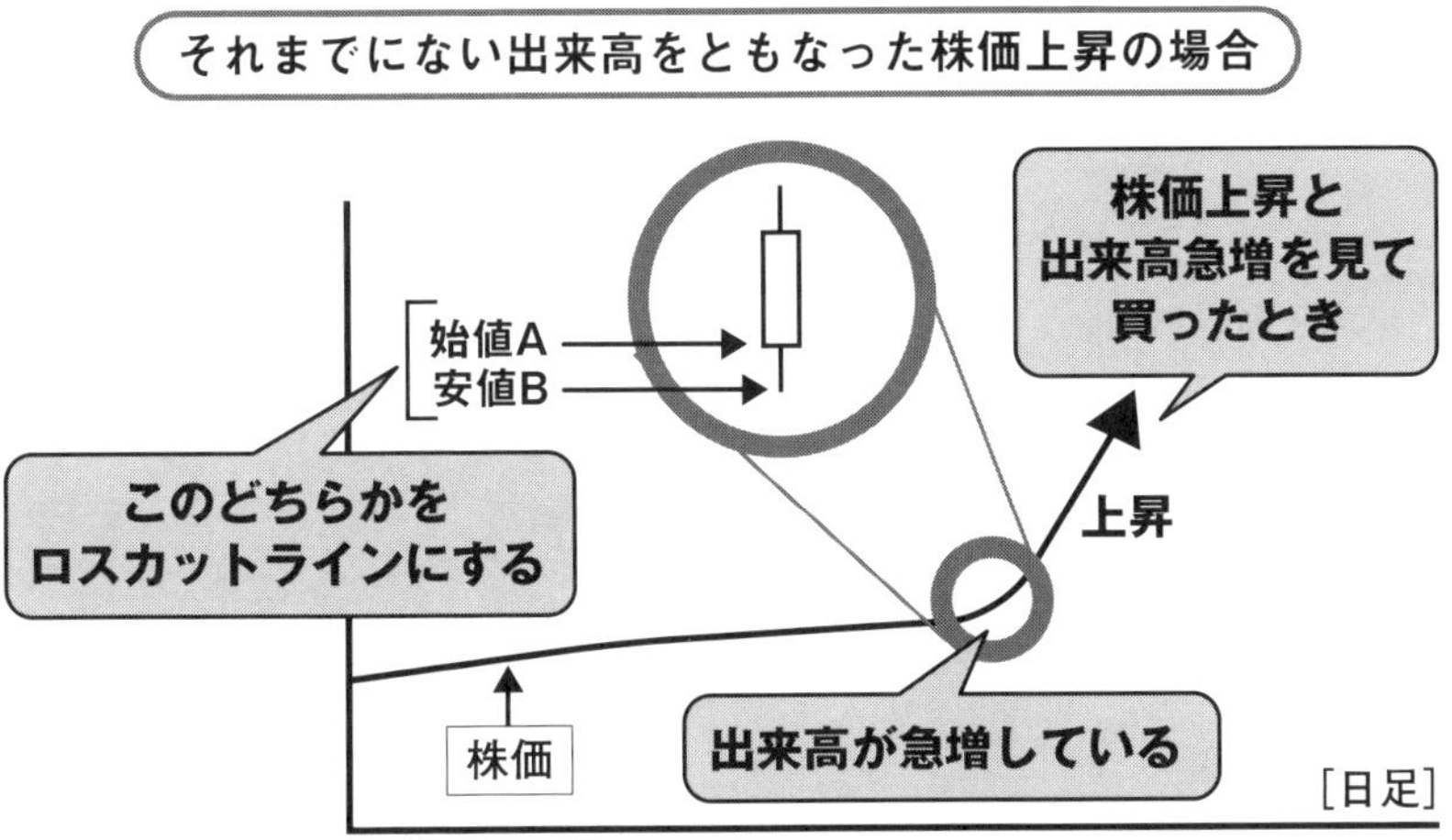

は、難しいと思います。

私の場合は、単純にロスカットラインを買値に設定するのではなく、相場に応じたいくつかのロスカットラインを決めています。私のように毎日欠かさずリアルタイムで取引をしている人と、そうではない人で、やり方を分けて説明します。

【毎日リアルタイムで取引をしている人向け】

これは、日足で見る短期のロスカットライン設定方法です。

①それまでにない出来高をともなった株価上昇局面で買った場合

上昇開始日の始値A、もしくは同日の安値Bがロスカットライン（上の図）。Aと

短期のロスカットライン②、③

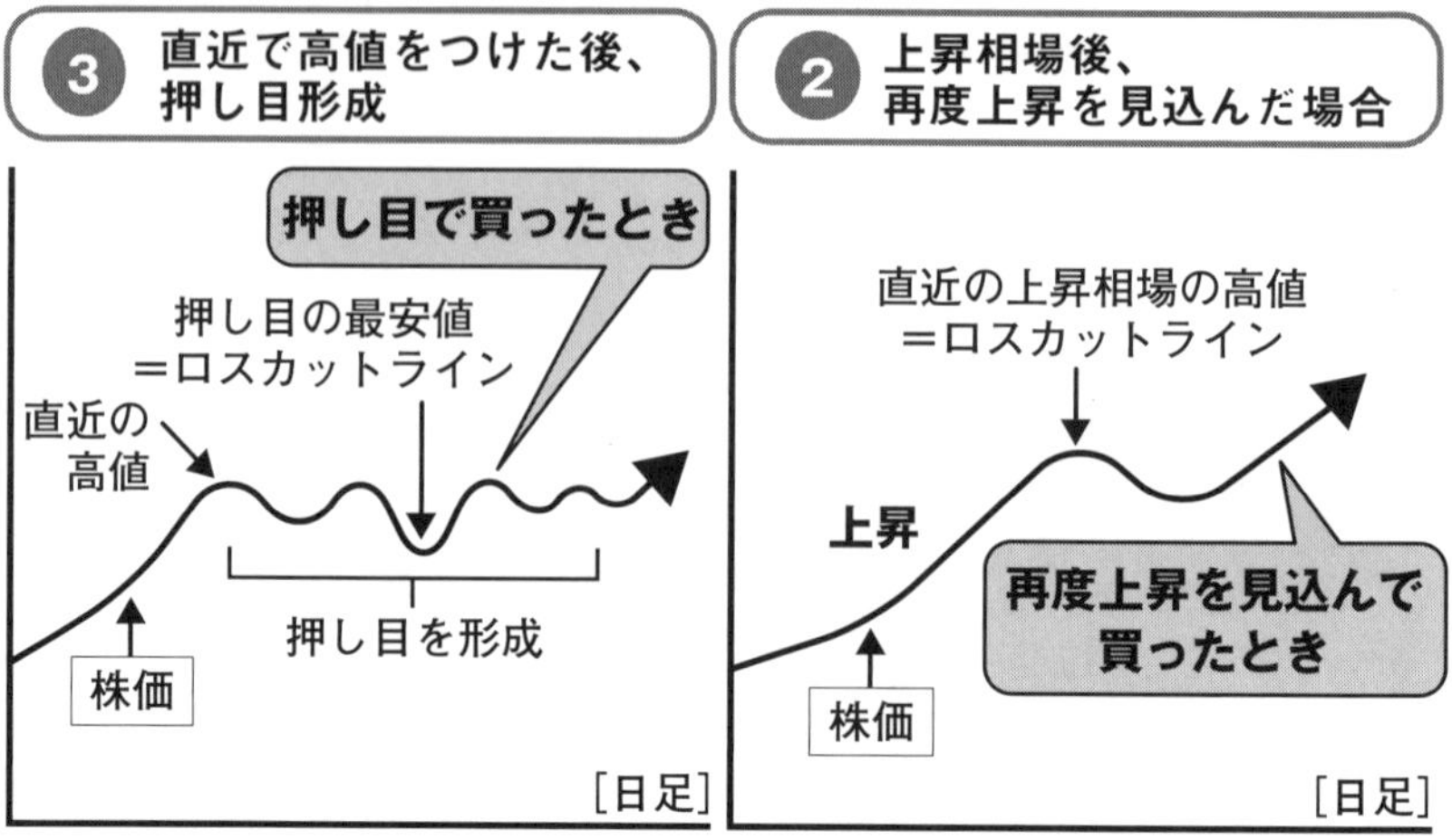

Bが1~2円の差であればどちらでもかまいません。ただし、それ以上の差がある場合や、100円前後の低位株で1~2円の差が1~2%になる場合は、始値Aをロスカットラインにします。

②株価が上昇相場を作った後、再度の上昇相場を予想して買った場合

直近の上昇相場の高値がロスカットライン。その高値を下回ったら、再度の上昇相場はないものと考えます（右上の図）。

③直近で高値をつけた後、押し目に入った株価を買った場合

押し目の最安値がロスカットライン。押し目買いは当然、戻りまたは本格反騰を予想して買うので、押し目の最安値を下回ったら、その予想が間違っていたこ

中期のロスカットライン①、②

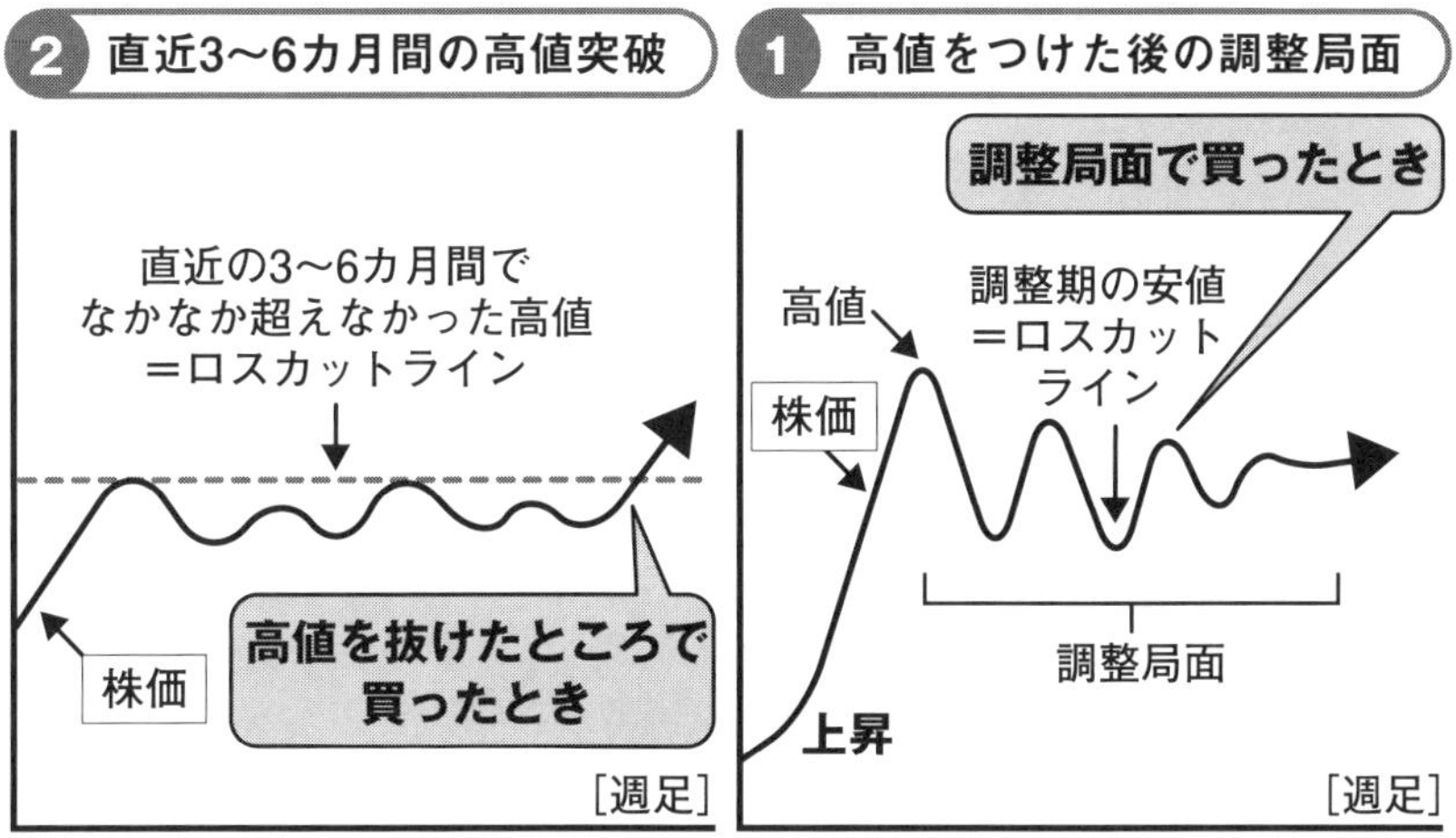

とを証明しているからです（右ページの左上の図）。

【毎日取引をしていない人向け】

これは週足で見る中期のロスカットライン設定方法です。

①高値をつけた後、調整局面に入った株価を買った場合

調整局面では、株価が上昇から一転して横這いで推移しています。ロスカットラインは、調整期の安値です（右上の図）。

②直近の3〜6カ月間の高値を超えたときに買った場合

これまで何度か上昇の気配を見せたときに、なかなか超えなかった株価がロスカットライン（左上の図）。

中期のロスカットライン③

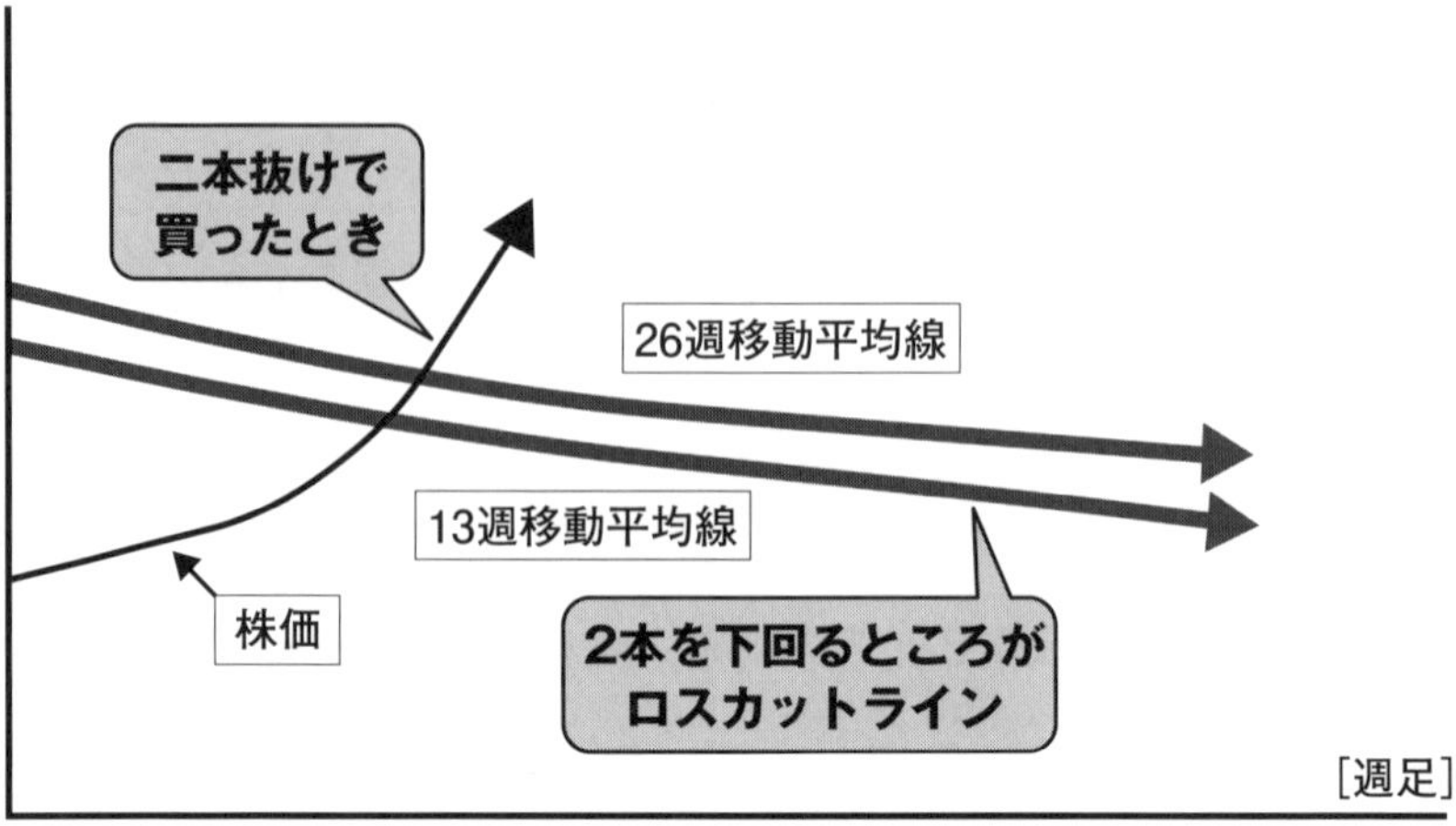

③二本抜けをした株価を買った場合

13週移動平均線と26週移動平均線の2本とも下回ったところが、ロスカットラインです（上の図）。

ところで、相場が本当に強ければ、株価が一時的に押してきても、13週移動平均線を下回らないことが多いです。

また、株価が移動平均線を下回ったという事実は、長期上昇傾向の株価トレンドが変化することを示唆しています。銘柄を買った後は、常に移動平均線をチェックしておきましょう。

【ロスカットラインを1つに絞ってシンプルに考えたい人向け】

短期でも中期でもロスカットラインは、買ったときの相場に応じて決めたほうが

ロスカットラインを１つに統一する場合

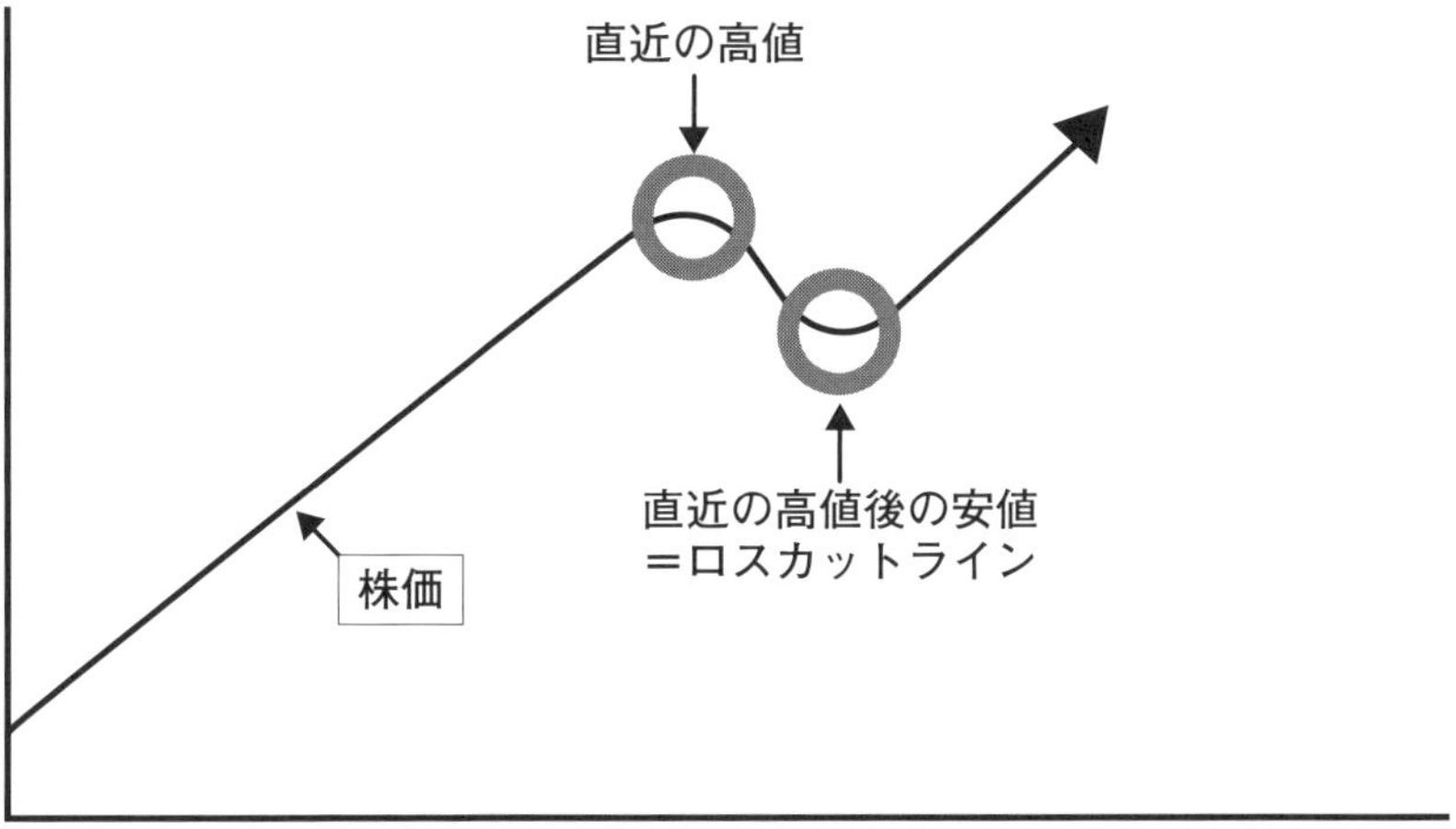

効果的と、私は考えています。

ただし、ロスカットラインを1つに統一してシンプルにしたいという人は、次の2つのどちらかを採用するとよいでしょう。

①株価が直近の高値をつけた後の安値

直近の高値後の安値は、高値で株を売った人の買い戻しが入りやすく、下値の節（抵抗線）になります。下値の節を下回ってしまうと、株価がさらに下落していくことが予想されるからです（上の図）。

②板を見ると売り物が多いのに下落が止まっている株価

売り物が多いにも関わらず、株価が下げ止まっているのは、「その株価であれば買いだ」と判断している投資家がたくさんいるからで、そこが下値の節になります。

下値の節を下回ってしまうと、株価がさらに下落していくことが予想されます。その下値の節がロスカットラインです。

後場終了後にロスカットラインを下回ったことを知ったら？

日中は会社などで働いている一般の投資家は、その日の株式市場が終了してから、保有銘柄の株価がロスカットラインを下回った事実を知ることがあります。

その場合は、どうしたらよいのでしょうか？

ロスカットラインを下回るケースは次の3つに分けられます。

①ロスカットラインを下回り、さらに数パーセント下げている。

②ロスカットラインを一時的に下回り、引け※で買値近くまで戻っている。

③ロスカットラインを一時的に下回り、引けで買値を数パーセント上回っている。

①と②の場合は、**翌日の寄り付きで売ります**。なるべく早くロスカットして手仕舞いすることが大事です。

③はそもそも極めてまれなケースです。なぜなら本来、株価が下値の節を下回ったら下落傾向に入るので、すぐに反転上昇することはないからです。

引け
終値のこと。

この場合は、株価が新しい上昇相場に入ったと考えて、新たなロスカットラインを設定して保有を続けます。

株価はさまざまな要因で動くので、仕掛けの動機を間違えたことを過度に後悔する必要はありません。大事なことは、損失を最小限にとどめて投資資金の目減りを防ぎ、次の儲けのチャンスに備えることなのです。

ロスカットラインはなるべくきめ細かく決めて、損失を最小限にする。

5-5 ナンピンは掟破りの行為と心得よ

間違いは素直に認めるのが大事

株式投資がわかってくると、「**ナンピン**」を考える投資家はよくいます。しかし、ナンピンは、資産を効率的に増やすのにふさわしい方法ではないので、私はおすすめしません。

現物、信用買い※で株を買ったときのナンピンとは、買った銘柄が下落したとき、買値の平均を低くするために、同じ銘柄を安値で買い増しすること。

信用売りのナンピンは、売った銘柄が上昇したとき、売値の平均を高くするために、同じ銘柄を高値で売り増しすること。

両方とも、投資コストを引き下げて、利益を出しやすくすることが目的です。

そもそも、ナンピンをするのは、仕掛けを間違えたからです。自分のその間違いを認めたくないから、ナンピンをするのです。

信用買い
証券会社からお金を借りて株を購入すること。

投資家は相場に対して常に謙虚であるべきだ、と私は思っています。そんな場合、間違いは素直に認めて、ロスカットするのが正しい選択だと思います。

しかし、特定の株式を長期で保有しなければならない特殊な株主には、ナンピンは有効です。

1つは、事業目的で、お互いの株式を持ち合いしているような会社同士。

彼らは、保有株式を売却できませんが、株の保有コストを少しでも下げておきたいと思っているので、ナンピンをして安値で株を買い増し、平均買いつけコストを引き下げる努力をします。

もう1つは、10年単位で長期運用をしなければならない機関投資家。

指標銘柄など長期間持ち続けなければならない株の買いつけコストを引き下げるために、ナンピンをします。

ナンピンよりロスカットが得する理由

しかし、一般の投資家の場合、ナンピンをして株の平均買いつけコストを引き下げたとしても、それで買値を割り込んだせいで発生している含み損が消えるわけではありません。

日立製作所（6501）のチャート（週足）

それに、引き下げた平均買いつけコストは、現在の株価より高いという厳然たる事実があります。

もちろん、理屈では、ナンピン後に株価が上昇して平均買いつけコストを上回れば利益は出ますが、いったんロスカットをしたほうがずっと効率的で、利益も多くなります。

具体的な比較の例で説明しましょう。本来の株鬼流では、このような売買のやり方はしませんが、話をわかりやすくするために単純化して書きます。

上の日立のチャートを見てください。Aの850円で買ってBの750円でロスカットすると、

100円の損失。その後、Cの600円で買ってDの800円で売れば、200円の利益。差し引きで100円の利益です。

これをもし、Aで買った後に保有を続けて、Cでナンピンし、Dで売却すると、800円－（850円＋600円）÷2＝75円の利益です。

このように、**ナンピンをするよりもロスカットして、再度相場に挑んだほうが得であること**がわかります。これは、それほど株価の変動が大きくないケースでしたが、もっと変動が大きければ、よりロスカットのほうが得になります。

また、ナンピンをすると、買った銘柄の反転上昇を気長に待たなければなりません。その期間、その銘柄に投資した資金は、凍結状態になってしまいます。巨額の資金を運用する機関投資家ならいざしらず、資金に限りがある一般の投資家にふさわしい方法とはとても思えません。

このように、ナンピンは非効率なことばかりなのです。

ナンピンは仕掛けの間違いを認めない危険な考え。

5-6 リスクが高い信用売りは相場に熟練しないうちは手を出すな

＋信用売りが難しい4つの理由

株式投資は基本的に、現物取引の買いから入るべきだ、と私は考えています。「信用売り」は相場に熟練した人で、年中相場を見ていられる人にしかおすすめしません。信用売りで儲けるのはとても難しいので、投資歴3年以上でなおかつ信用取引経験者の人以外はやめておいたほうがよいでしょう。すすめない理由は次の4つがあります。

①利益が限定的

信用取引対象銘柄の借りられる株式数は、あらかじめ制限が設けられているか、銘柄の発行済株式数を限度にしています。したがって、信用売りは、借りられる株式数の中で売りを出すことになり、取引量が限定されるのです。

また、信用売りを出すということは、その時点における銘柄の株価を限定することになります。たとえば、５００円で信用売りを実行すれば、その銘柄の株価がゼロにまで下がったところで買い戻しても、利益は５００円と限定的です。

しかし、買いから入る場合は、資金さえあれば、その銘柄の株価をどこまでも上げ続けることができます。

②損失が膨らみすぎる

株を買い占められて、買い戻す株がなくなった場合など、売りで負けてしまうと、買い戻しの株価はどこまでも上昇していき、損失は無限大に近くなってしまいます。ここが信用売りの怖いところです。

反対に、現物取引の買いで負けた場合は、買いに使った資金以上の損失は出ません。

③空売り規制が入る場合がある

現在の証券取引所は、空売り※が増えれば、すぐに売れる数量を限定する規制が入る仕組みになっています。そのため、売りと買いの需給バランスを正確に反映した株価が形成されません。

信用売りで株価を下げようとしても、そう簡単にうまくいかない仕組みなのです。

④１日中相場に張りつく必要がある

朝に注文を出して、夕方に様子を見るようなノンビリとした対応では、相場の動きによっては、信用売りでどれくらい損失が膨らむかわかりません。信用売りをするなら、

空売り
信用売りのこと。

相場に1日中張りついて、機敏な対応をする必要があります。

失敗しないための8つのポイント

ただし、どうしても信用売りをしたい人に、失敗しないために押さえるべき8つのポイントを挙げます。

①売りと買いの両建て※をしない

ある銘柄で売りを実行しているときは、同じ銘柄の持ち株はゼロにしておくことが基本です。

株価が上昇すれば売りが心配になり、下落すれば買いが心配になる。こんな両天秤にかけた投資は、よほど器用で頭のいい人にしかできません。また、両方の投資は相殺される関係にあるので、利益も思っているほど取れないと思います。

②高すぎる、割高感があるという発想は捨てる

強い相場は避け、弱い相場を選ぶこと。下落過程にある弱い相場が狙い目です。

強い上昇相場ほど、感覚的にいまの株価が割高だと思いがちです。「割高感がある」と判断して信用売りをしても、往々にして株価はさらに上昇してしまいます。

また、これまで強かった相場が、目先で保ち合い状況を作り、弱そうな感じがすることがありますが、とかく反転上昇することも多く、判断が難しいものです。

売りと買いの両建て
信用取引で同じ銘柄の売りと買いを同時に実行すること。

③人気株の人気離散を捉える

人気とは出来高の量のこと。出来高をチェックしながら、人気離散を探りましょう。

人気離散の兆候は、人気株の30分ごとの出来高の変化をチェックするとよくわかります。

④小型株や品薄株は投資対象外

信用売りの難しいところは、株を買い戻さないと決済が完了しないことです。買い戻せる株式が潤沢にない小型株や品薄株は、買い戻しができずに、損失幅がコントロールできないくらい膨らむおそれがあります。

⑤下値の節を下回ると売りのタイミング

株価が106ページで書いた「下値の節」を下回ると、下落のスピードが早くなると考えます。

⑥最高の売り場

株価が安値から3倍以上になった銘柄が、高値圏で三尊天井《さんぞんてんじょう》※を形成したときが最もいいチャンスですが、そんな形はめったに出ません。ダブルトップ※を形成したときがチャンスだと、私は見ています。相場が下落に転じることが多く、売りにはもってこいのタイミングです（204ページの図）。

⑦戻り売りは最も難しい

戻りの局面では、株価上昇が長く続く可能性が高くなります。そうした銘柄に売りを

三尊天井
三体の仏像が並んでいるように見えることから名付けられた。株価が高値圏で3つの山型を形成し、真ん中の山が高くなる。株価が天井を打ち、下落に転じるチャートの形。

ダブルトップ
株価が高値圏で2つの山型を形成し、2番目の山は1番目の山ほど高くならない。株価が天井を打ち、下落に転じるチャートの形。

ダブルトップが最高の売り場

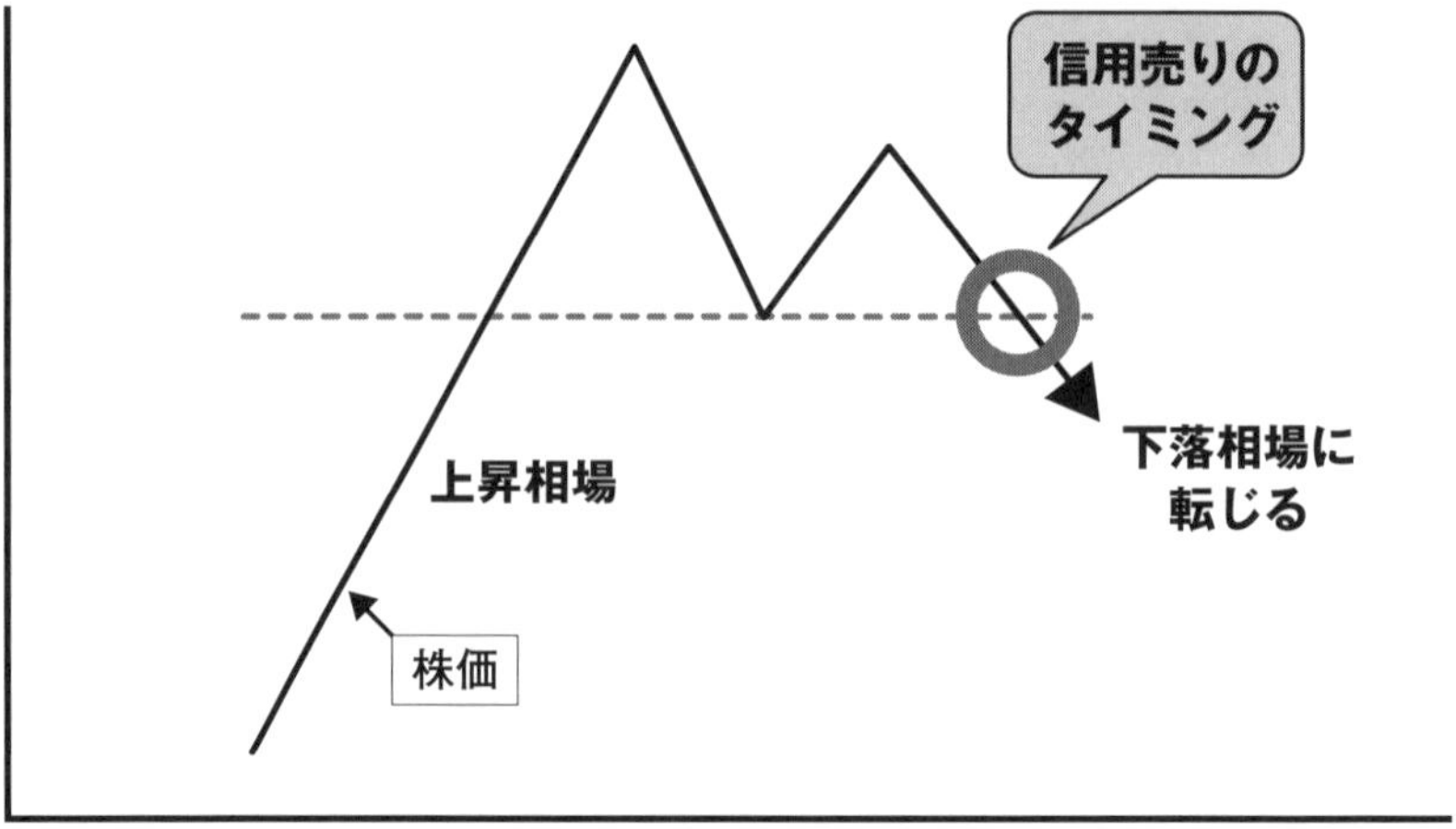

仕掛けても株価は下がらず、損失が大きく膨らむおそれがあります。

戻りを待ち続けていた株主が、戻り高値で銘柄を売りにいくときに株価が少し下がりますが、そんな小さな目先の利益にとらわれていると、相場が強いときは再び反転上昇し、戻り高値を超えていき、大きな損失となります。

⑧仕掛けを間違えたと感じたら即ロスカット

相場観※に支配されて、ナンピンして売りコストを引き下げようなどと考えてもドツボにはまるだけです。いったんロスカットして取引をリセットしましょう。

信用売りは、人知れずこっそりとやるのが秘訣です。なぜなら、大勢が売りに回る

相場観 現在の相場に対する解釈。仕掛けの元になる。

と、そもそも売買が成立しないことが多く、成立したとしても安値になっていることが多いからです。

常勝の道を歩む株鬼の心構え

6

相場に向き合う日々の心構えが
勝負を左右する

6-1 偶然の利は偶然に失う、常に検証と研さんをせよ

＋検証するほどよい当たりが出せるようになる

チャートを入念に研究・分析し、「これはいける」と判断して仕掛け、思惑通り成功したとしても、もう一度自分の仕掛けと当時の相場状況を振り返って、「なぜ儲けることができたのか？」を検証してください。逆に、仕掛けに失敗してしまったら、「なぜ失敗したのか？」を検証してください。

成功や失敗の理由を検証することで、自分の中にノウハウを補う知識や経験が溜まり、必然的に成功できるようになる資質が形成されていくからです。

あなたがゴルフを始めたばかりで、教則本やビデオなどで勉強中で、ある日、コースでプレイ中にたまたまよい当たりが出て、いつもよりも飛距離が伸びたとします。

あなたは、よい当たりが出たことを、教則本やビデオで勉強した当然の結果だとは考えないでしょう。

そうではなく、飛距離が伸びたのは偶然の産物だと捉えて、そのときの自分のスイングや使ったドライバーを思い返して検証し、飛距離が伸びた理由を知ろうと努めます。そうやって実戦の場で知識と経験を溜めていって、しだいによい当たりを頻繁に出せるようになるのです。

株式投資も同じこと。検証するほどよい当たりが出せるようになります。

つまり、最初のうちは、本書を読んで成功のためのノウハウを覚えたとしても、細かい部分での知識、経験の不足から、本書のノウハウを完全に生かす仕掛けができないこともあります。たとえ、あなたが勝ち続けたとしても、どこか偶然に左右されているはずです。

ですから、仕掛けに成功したり失敗した後は、そのつど、自分で結果を検証して、その理由を知ろうとしないと勝ち続けられませんし、本当の意味で株鬼流のノウハウを生かせるようになったとは言えないと思います。

成功しても失敗しても、理由の検証を怠らない。

6-2 株は惚れたら地獄

恋愛はしても冷静さを失うな

私はよく、個別銘柄に惚れすぎないことが肝心だと言っています。

株式投資は、よく恋愛に例えられます。

たとえば、株価が上昇し、出来高も多い相場のことを「大恋愛中の銘柄」と言います。やがて、「百年の恋」も冷めるように、株価が下落を始めると、投資家と銘柄の恋愛は「破局」を迎えます。

でも、破局に納得できなかったり、恋人をあきらめきれない投資家は手離れできず、その場に取り残されますから、大恋愛であればあるほど、その銘柄の売り玉※が消化されるまでには長い時間がかかります。

投資家は、ある銘柄と恋に落ちたとしても、どこかで常に冷静さを保っていなければいけません。失恋のショックを引きずっているようでは、とても株式投資の勝者にはな

売り玉
売り注文のこと。

れないと思います。

個別銘柄に対して浮気者でいること

株式投資と恋愛すること自体は、研究熱心になったり、常に相場心※を持って世の中を見たりするようになるので、大変結構なことです。

ただし、個別銘柄と大恋愛してはいけません。

「恋は盲目」と言いますが、個別銘柄と恋に落ちると、その銘柄のよいところばかりが目に入り、悪いところが目に入らなくなります。そうなると、相場の声※が聞こえなくなり、手離れの時期を見誤ってしまいます。

個別銘柄に一途に恋をしていると、「あれは止めておけ」という周囲の助言にも耳を貸さず、禁断のナンピンや押し目買いに突き進んでしまいます。自分の運用資金の大半を、特定の銘柄につぎ込んでしまうことだってあります。

株式投資の世界で一途でいてはいけません。株式投資の勝ち組でいようとする投資家なら、常に「**浮気者**」でなければなりません。

古くはスペイン人のドン・ファン※、イタリア人のカサノバ※のようなプレイボーイと呼ばれた浮気者たちは、恋愛において決まって冷静でした。

相手の女性がどんなに手練手管を駆使して近寄ってこようと、自分の望みさえ満たし

相場心
相場を読み解く力のこと。

相場の声
市場のトレンドが変化する兆しのこと。

ドン・ファン
17世紀のスペインの伝説上の人物。放蕩者の貴族だったという。プレイボーイの代名詞。

カサノバ
18世紀のイタリア・ベネツィアの実在の人物。回想録によると、1000人以上の女性と付き合ったという。

てしまえば、後は冷静に距離を置いて対処する。

こうした浮気者は、人間として褒められる存在だとは思いませんが、株式投資の世界では、投資家は浮気者であるべきです。

株式投資では、いろいろな銘柄に次から次へと恋をして渡り歩いていける人がいいと思います。最適のタイミングで手離れをして、利益をどんどん出していくのです。

株式投資の世界に、「**惚れたら地獄**」という格言があります。

個別銘柄に惚れてしまうと、アバタもエクボに思えて投資に突き進んでしまい、自分の資産すべてを失って、地獄に落ちるような目に遭うよという意味です。

繰り返しますが、どんなに素敵だと思う銘柄であろうと、惚れすぎないことが肝心です。

利益を出すという目的を果たしたら、また次の別の素敵な銘柄に出会うために、相場に目を光らせましょう。

個別銘柄に対する一途の愛は、地獄への最短コース。

6-3 相場心を磨いて、市場心理を読み取れ！

市場心理を読み取る相場心の磨き方

相場は生き物で、瞬時に変化します。変化の理由を知ることができれば、株式投資で何歩も先んじることができます。

しかし、変化の理由は、個別企業の好業績や新商品開発成功のような情報だけでなく、**「市場心理の変化」**というわかりにくい情報もあります。

市場心理とは、株式市場参加者の思惑の総体を表したもので、相場を動かすとても重要な要素ですが、目に見えない雰囲気のことなので、捉えづらいものです。

市場心理が変化するとき、株価が動くのです。

市場心理の変化は、なかなか論理的に説明しにくいケースもあり、相場は理屈だけでは動かないということを痛感させられます。

そうした市場心理の変化を知るためには、私は常々、**「情緒」と「勘」を働かせるこ**

とが大事だと言っています。

情緒とは、株式市場の雰囲気や社会の風評などを感じ取る心のこと。勘とは、何となくおかしい、何となく面白そうだ、と感じる嗅覚のことです。

そうしたものを身につけるのは難しいのではないかと、戸惑われた方もいるかと思いますが、株式投資をしていると、市場心理の変化を読み取れる力は自然と身についてくるので、その力を磨いて研ぎ澄ますことが大事なのです。

プロ野球の投手がマウンドに立って前方の打者を見たとき、何となく「この打者はストレートを狙っているのではないか」「スクイズをしてくるのではないか」と打者の心理を察知するそうです。

投手は、自分の心と勘を働かせているから、理屈ではなく、感覚で打者の心理を読み取れるようになっているのだと思います。

株式投資も同じです。常に相場の変化に対して敏感でいるよう心掛けて、あなたの心（情緒）と勘を働かせる努力をすれば、市場心理の変化を読み取れるようになります。

一般に、相場を読み解く能力全体を指して「相場心」と言いますが、市場心理の変化を知る能力も相場心の1つです。

相場心を磨くためには、株式相場を見るだけではなく、**広く世の中を見渡して変化を読み、相場に生かそうと心掛ける**ことも大事です。

日常生活でも、株式投資につながるヒントはないか常に意識します。人との会話や周囲の出来事、テレビや新聞・雑誌、電車の吊広告などに、ヒントはたくさん転がっています。

たとえば、牛丼が値下がりしたというニュースを聞いたら、デフレ※が進むのではないかと考えて、ファーストフードやファストファッション※などのデフレに強い関連銘柄に注目しようと思うのです。

そして、関連銘柄のチャートと出来高を見て、あなたの感覚が正しいかどうか確認してみましょう。日ごろからそういう訓練をしていると、相場心は自然に磨かれてきます。

「大相場になるぞ」「相場が変化するぞ」と感覚的に思った銘柄が、その通りの株価の動きを見せたら、あなたの相場心は相当育ってきている証拠です。

常に相場を意識して生活すると、相場心が鍛えられる。

デフレ
経済全体において、幅広くモノの値段が下がること。

ファストファッション
最新の流行を取り入れたデザインの洋服を、大量生産による安価で販売するアパレル業。ユニクロやしまむらが代表的。

6-4 孤独になれる勇気と心の余裕を同時に持ち合わせる

株式投資では少数派になること

株式投資はとても孤独な営みだ――。長年株式投資をしてきて私が感じることです。人は普通、成功したときは、誰かと喜びを分かち合いたいと思い、失敗したときは、慰めてもらいたいと思うものです。

でも、株式投資では、すべての結果を自分ひとりで喜び、悲しむしかありません。なぜなら、自分の仕掛けがものの見事に当たった感動を誰かに伝えても、他人の金儲けの成功談を聞いて本気で喜ぶ人はいないでしょう。

反対に、自分の仕掛けが大ハズレして大損失を出した悲しみを誰かに伝えても、それで自分の損失が減るわけではありません。

「社長は孤独だ」と言われるのは、経営上の重要な判断をするとき、周囲に何人も相談する人がいたとしても、最終的に決断するのは自分ひとりで、しかも決断の結果に対して責任を取らなければいけないからです。

株式投資をする個人投資家も社長と同じです。最終的に自分ひとりで投資を決断し、その結果もすべて自分で引き受けなければいけません。


株式投資で成功する秘訣は、**少数派につくこと**にあります。大勢がまだ気づいていない相場の変化の兆しを捉えて買いにいき、大勢が最も高い株価を買うときにこっそり売りに行くのです。大勢と同じことをしていては儲かりません。

だから、凄腕投資家と言われる人たちは、利益を上げようとすればするほど、たったひとりで考える時間が長くなり、孤独になっていきます。決断は一瞬ですが、決断に至るまでに長い時間を自分ひとりで考えて過ごすからです。

株式投資で成功するためには、**孤独になれる勇気**が必要なのです。

＋ 実生活では人と接することが大事

株式投資では孤独になれと言いましたが、実生活で孤独でいてはいけません。

株式投資にのめり込んで年がら年中相場に張りついてトレードをしていると、外部と没交渉になって、社会性を失ってしまう人をよく見かけます。

社会性を失ってしまうと、相場に勝つための大事な「相場心」にゆがみが生まれます。

いまの社会の状況だとか空気感といった、人と接しなければ得られない部分を知らないと、正しい相場心は持てないからです。

だから、健全な相場心を養うためにも、実生活では相場から離れてみる日を意識して作り、心の余裕を持って暮らすことが大事だと思います。

私は人に、「三度の飯より株式投資が好きだ」と言っていますが、株式投資だけで毎日生きているわけではありません。昔から他人と関わること自体が好きですし、**人付き合いが相場心の形成によく生きる**ことを肌身で感じています。

相場では孤独に徹し、実生活では人付き合いをして相場心を養う。

6-5 相場は常に正しいと肝に銘じよ

自信過剰にならないよう常に戒める

株式投資において、常に正しいのは相場だと、謙虚に考える癖をつけましょう。

株式投資の知識、経験がついてくると、人は往々にして自信過剰に陥りやすくなります。「自分の判断が絶対に正しい」と強く思い込み、相場の正しい状況を見誤ってしまうのです。

株式投資は、買った株を高く売り、利益を上げるゲーム（試合）。ゲームで「正しい」「正しくない」を決める審判は、常に市場（相場）であることを肝に銘じてください。

そんなことを言う私も、つい自信過剰になって何度も失敗をしてきました。

自分が自信過剰に陥ったなと思ったとき、私は次に挙げる項目を確認して、自分を戒めて気持ちを引き締めます。

これまでに書いた内容も入っていますが、それだけ重要だと私が思っているので、もう一度確認してください。

①常に、高い株価を買って、より高い株価で売るという強気の姿勢で。
②下値に指値をする弱気の姿勢は避ける。
③相場の強い銘柄ほど儲かる。より強い銘柄を探す努力を怠らない。
④出来高のともなった株価上昇しか信じない。
⑤ファンダメンタルズ分析よりもテクニカル分析を優先する。
⑥値幅測定法で高い上昇幅が望める銘柄に投資し、小さなアヤ※や相場の戻りを取りにいかない。
⑦市場の動き全体に影響する株価指標から目を離さない。
典型は日経平均株価です。市場全体の値動きは、個別銘柄の株価に必ず影響を与えます。株価指標を上回る運用成績を目標にしている機関投資家や外国人投資家も多いので重要です。
⑧株式相場全体が暴落しているときは、超低位株※は投資の大チャンス。
超低位株は、値がさ株※に比べて暴落時の影響が軽微にすむことが多いため、損失を出して資金を目減りさせた投資家の一部は、取り組みやすい超低位株から投資の再チャレンジを始めます。よって、相場全体が下落しているときは、超低位株に投資家の関心が

アヤ
株価が一時的に、相場のトレンドに逆らうような予測不能の動きをすること。トレンド転換と誤解することがある。

超低位株
極端に株価が安い銘柄のこと。100円近辺や、それを下回るような株価をつけている。

値がさ株
株価水準が高い銘柄のこと。数千円程度の株価をつけている。

集まり、投資チャンスが生まれるのです。

⑨中低位株※を徹底して研究する。

中低位株なら、複数の銘柄をたくさん買うことができ、銘柄分散※で資金保全効果もあります。また、値幅が極端な大ブレを見せることが少ないため、安心して投資したいときには有効です。とくに、資金が少ない投資家は、中低位株を徹底的に研究するとよいでしょう。

⑩体調が悪いときや心が乱れているときは、正しい判断ができないので投資を休む。

⑪株は「惚れたら地獄」。相場と向き合うときは常に冷静に。

⑫気持ちが老け込んだり、守りに入る気持ちが出たりしたときは、投資が弱気になる。

そんなときは投資を休む。

中低位株
中位株と低位株のこと。中位株は株価が中くらい銘柄で、1000円前後の価格帯。低位株は、500円以下の価格帯。

銘柄分散
1つの銘柄だけでなく、複数の銘柄に資金を分けて投資すること。

おわりに

思い起こせば約40年前、私は証券会社に入社して、お客様に株の売買をすすめる仕事を始めました。大学時代の就職活動で、お金を稼ぐには、お金に近い商売に入るのがいいだろうなんて適当に考えて入ってみたら、とんでもない世界でした。

当時は、株式売買手数料が固定の時代で、証券会社はお客様に頻繁に売買してもらうほど、手数料収入で儲かる仕組みでした。支店の株式担当部長が銘柄を買いつけ、それを支店の営業マンがお客様に買い取ってもらう。

証券会社の利益が最優先で、お客様が儲かるかどうかなんて二の次三の次。市場にある程度まとまった売り物がある銘柄をむりやり推奨銘柄にして、売りまくっていました。午前中は日本郵船、午後以降は新日鉄を売れ、なんて乱暴なことをやっていました。

だからそこら中、損をしたお客様の死屍累々。支店長や上司に命じられるままに推奨銘柄を売って、お客様の命金を飛ばしてしまったときは、「申し訳ありません」と枕を濡らしたものです。

こんなやり方をしていたらダメだ。一念発起して、独自に勉強を始めて出会ったのがチャート分析。ちょうど証券界でも指折りの株式トレーダーが会社にいて、大のチャート好きでした。私も真似して来る日も来る日もチャートを手書きで紙に引いて研究し、国内外のさまざまな投資手法を勉強しました。そのうち、「こうすれば相場で儲けられる」ということがわかるようになり、私のお客様も儲けていただくことができました。

昔より格段に賢くなったとは言っても、現在でも多くの個人投資家は、世の中のいい加減な株式評論を参考にして投資をし、死屍累々の山を築いています。相変わらず、おいしい思いをしているのはプロばかり。

そうした現状を変えられたら、と思って私は本を書くことにしたのです。

金額だけ見れば、私はもう十分稼ぎました。根っからの相場好きなので、いまでも日々相場と闘っていますが、お金が欲しいからやっているわけではありません。相場を張る緊張感とか仕掛けが成功したときの喜びの醍醐味が好きでやっているのです。

私こと株鬼と弟子たち「株鬼一門」は、わずかな元手から億単位の資産を築きました。弟子たちの多くは成功して、私の元から旅立っていきました。

株鬼流は小さなお金を大きく増やす方法です。株鬼一門は、最低でも年率５００％を目標とし、実現しています。

本書を読んで株鬼流投資法を理解したら、ぜひ強気の姿勢で相場に挑んでください。

ザ・株鬼

【著者紹介】

ザ・株鬼（ざ・かぶき）

◉——株式投資サイト「ザ・株鬼」を運営するカリスマ相場師。1947年、東京生まれ。大学卒業後、証券会社に入社。チャート分析の有効性に気づき、さまざまなテクニカル手法を研究、株式相場の面白さに開眼する。証券会社退社後、株式投資の実戦をしながら相場研究を続け、自身の成功体験に基づいた独自の株式投資法を編み出す。実戦においては資金を200倍以上に増やす。2000年以降、(株)アルファトラスト主宰の株式投資講座で株鬼流株式投資法を講義、個人投資家の育成に努めている。受講者は1300人を数え、著者の自宅道場で合宿指導を受けた内弟子は300人余り。内弟子の多くは、資産100倍を実現している。株鬼流は株式投資の流派であるとし、株鬼門下の人たちは「株鬼一門」と称する。株鬼流は、「株は格闘技である」と考え、常に強気の姿勢で相場と闘うことを教えとしている。

〔ザ・株鬼〕
http://www.the-kabuki.tv/

〔株式会社アルファトラスト〕
http://www.alpha-trust.co.jp/

株《かぶ》鬼《き》流《りゅう》最《さい》強《きょう》の株《かぶ》式《しき》道《どう》場《じょう》　〈検印廃止〉

2010年 5月7日　第1刷発行
2011年10月5日　第4刷発行

著　者——ザ・株鬼 ©
発行者——境　健一郎
発行所——株式会社かんき出版

東京都千代田区麹町 4-1-4　西脇ビル　〒102-0083
電話　営業部：03(3262)8011㈹　総務部：03(3262)8015㈹
編集部：03(3262)8012㈹　教育事業部：03(3262)8014㈹
FAX　03(3234)4421　振替 00100-2-62304
http://www.kankidirect.com/

DTP——デジカル デザイン室
印刷所——ベクトル印刷株式会社

乱丁本・落丁本は小社にてお取り替えいたします。

ISBN978-4-7612-6680-6 C0033